U0113735

刘未鸣

段敏 主编

开拓者记述：
披荆斩棘创新天

中国文史出版社

图书在版编目（CIP）数据

开拓者记述：披荆斩棘创新天／刘未鸣，

段敏主编．-- 北京：中国文史出版社，2020.11

（纵横精华．第七辑）

ISBN 978 - 7 - 5205 - 2574 - 9

Ⅰ．①开… Ⅱ．①刘… ②段… Ⅲ．①历史人物 - 列

传 - 中国 - 近现代 Ⅳ．①K820.5

中国版本图书馆 CIP 数据核字（2020）第 228274 号

责任编辑：胡福星

出版发行：**中国文史出版社**

社　　址：北京市海淀区西八里庄路 69 号　　邮编：100142

电　　话：010 - 81136606　81136602　81136603　81136605（发行部）

传　　真：010 - 81136655

印　　装：北京新华印刷有限公司

经　　销：全国新华书店

开　　本：787×1092　1/16

印　　张：12

字　　数：150 千字

版　　次：2021 年 2 月北京第 1 版

印　　次：2021 年 2 月第 1 次印刷

定　　价：42.00 元

《纵横精华》编辑委员会

主　编：刘未鸣　段　敏

执行主编：金　硕

编　委：全秋生　孙　裕
　　　　李军政　胡福星

出版说明

　　《纵横》杂志是全国第一份集中发表回忆文章的期刊，自 1983 年创刊以来，以"亲历、亲见、亲闻"为视角，如实记录和反映中国近现代史上的重大事件、人物故事及各地独特的历史文化与地方政协文史资料工作情况，以跨越时空的广阔视野，纵览百年历史风云，横观人生社会百态。曾荣膺中国出版政府奖期刊奖提名奖，在读者中具有广泛影响。

　　本套"纵横精华"系列丛书，是按主题将历年《纵横》杂志刊发的读者反响较好的文章结集。自 2018 年开始，已陆续出版了历史、文化、文学、艺术、情感、人文等二十余种主题图书。所收文章个别文字有所修订，其他均保持原貌。

　　因收录文章原发表时间较久远，未能联系到的作者，请与中国文史出版社联系，以便支付稿酬。

编　者

2020 年 12 月

目录

回忆我的曾祖父

——著名教育家吴雷川先生

沈晓丹[*]

我的曾祖父吴雷川先生，著名教育家，清朝翰林，浙江大学的奠基人和燕京大学首任华人校长。在近现代大学教育史上，他被誉为"影响力堪比北京大学校长蔡元培"式的人物。

吴雷川（1871—1944）

教育思想之形成

吴雷川（1871—1944），祖籍浙江杭州钱塘县，小时候随其祖父在徐州上私塾，私塾的教学方式是吴雷川不喜欢

的，但靠自己的聪敏与勤学，从中还是学到了丰富的中国历史知识及儒家思想，并在诗词、书法、八股文写作等方面成绩优异，奠定了良好的国学基础。16 岁时，回原籍参加县试，考取秀才第一名。19 岁时，随父亲到了江苏清江浦（今属淮安市）。此地是南北水陆交通要冲，名人雅士颇多，又恰逢清廷开始引入西方文化，于是，吴雷川有机会在青年时代即博览中外新书，从中深受教益。这种学习经历为其考上举人、进士、翰林奠下基础。

在家庭生活方面，因从小生活于大家庭中，人多口杂，母亲便教他待人要和气、要忍耐，要主动做些家务琐事。而童年的他也很懂事，每月 200 文的零用钱常用不到一半，就将剩余的交回母亲手中用于补贴家庭开支。这样的家庭环境使他从小养成朴素节俭的习惯，并受到儒家仁厚、爱民思想的教诲和刻苦上进的鞭策。

正是这种成长经历，奠定了吴雷川选择潜移默化、言传身教、自治自觉的育人方针，并在中西哲学思想的指引下升华为：以仁爱之心培养学生的健全人格，以开放之态提高师生的济世救国能力——这个教育理念贯穿了他的整个人生与事业。

秉承着这种教育理念，在浙江大学和燕京大学任教的 25 年时间里，他不仅培养出一批优秀学者、志士仁人及政界名流，而且支持聘用了一批推动新文化事业的专家教授，为推动社会的进步和发展做出了自己的贡献。例如，邵力子（1882—1967，国共和谈代表，后任全国人大常委）、邵飘萍（1886—1926，曾创办过一些进步新闻刊物、机构，后被奉系军阀杀害）、蒋梦麟（1886—1964，曾任浙江大学、北京大学校长，国民政府教育部长、行政院秘书长）、邵元冲（1890—1936，曾任孙中山大元帅府机要秘书）、陈布雷（1890—1948，曾任一些刊物主编，后任蒋介石侍从室主任）、钱玄同（1887—1939，新文化运动猛将，著名科学家钱三强的父亲，曾任北大、燕大教授，北师大国文系主任）、郭绍虞（1893—1984，接吴雷川兼任的燕大国文系主任，后任同济大学法学院院长、复旦大学中文系主任）、许地山（1893—1941，文学家，与瞿秋白、沈雁冰一同创办进步杂志与社团）、钱穆（1895—1990，自学成才，任燕大国文系教师，后成为著名史学家、台湾中央研究院院士，著名科学家钱伟长的四叔）、郑振铎（1898—1958，曾任北大、燕大教授，新中国文物局局长）、冰心（1900—1999，著名作家、燕大国文系教授）、吴文藻（1901—1985，社会学家，曾任燕大法学院院长、中央民族学院教授、民进中央常委、全国政协委员），他们都曾亲身领受吴雷川的培养和帮助，深感吴雷川育人不拘一格，对吴雷川的治学宏博精深及其人格魅力与情操感受颇深。

担任浙江大学校长

浙江大学的前身是"求是书院"，1897 年创建，是中国人最早自办的四所近代高等学校之一，1905 年改称"浙江高等学堂"。吴雷川于 1906 年至 1910 年出任该校校长。

出任浙江高等学堂校长后，吴雷川一扫以前办学的积弊，强调校长、老师、学生之间的感情相孚，而不拘泥于形式上的严格管理，使全校融于一种和谐的氛围之中。除此之外，他还强调学生自治，鼓励学生参加社会活动，以提高学生的组织能力和追求真理的精神。据陈布雷回忆说，他在浙江高等学堂不仅感受管理带来的良好校风，而且那种求实的学风，使他和邵飘萍、邵元冲在青年时期就树立起革新观念，接受并信仰了孙中山先生的革命思想。

吴雷川担任校长期间，自 1908 年起，浙江高等学堂按正规大学要求开始设文理两科，招收大学预科和高中学生入学。必修课程为 12 门，英文为文理科第一外语，法文、德文分列义理科第二外语。文理两科通习人伦道德、经学大义、中国文学、兵器、体操。文科另开设历史、地理、伦理学、法学、理财学；理科另开设算学（已讲至微积分）、物理、化学、地质与矿物、绘图；此外，学生还可自选课程。1909 年，学校开始招收女生。至 1910 年，浙江高等学堂已成为初具文理高等学院构架的新型大学。

吴雷川深知，办好新型大学的关键是要下功夫寻找、培养大师，所以他在聘请教师方面十分下功夫：理科课程主要聘请国外教授与赴美留学的毕业生任教，文科除请国内专家学者外，还专门聘请了了解世界形势的海外学者。例如，经济学教师邵裴子（1884—1968）是赴美留学生，是当时世界著名经济学家凡勃伦（Veblen）的弟子，1910 年成为吴雷川的主要助手——教务长，1912 年元月，28 岁的邵裴子接任校长。其后，蔡元培、马叙伦、蒋梦麟、胡适、苏步青、贝时璋、顾功叙等国内著名学者，均参与了该校的科研和教学。这些都为浙江大学打下了坚实的师资基础。

除了学业上的教育外，在培养学生的思想德行方面，吴雷川也身体力行，以身作则，展现了中国老一辈知识分子的高风亮节。1907 年，苏杭甬铁路修筑时，杭州学界率先发起抵制英国借款控股的运动，吴雷川大力支持浙江高等学堂学生参加此次活动。浙江高等学堂的学子们积极联络全省各校学生，成立了"浙江学校联合捐款会"。学生们上街下乡，宣传浙江自控股苏杭甬铁路的意义，号召大家节衣缩食，集款认股。杭城高校学生维护路权的行动得到全省民众的普遍响应和支持，最后浙江各界认购股票共 2300 万元，此数额两倍于英国借款额。通过此事，不仅激励了杭州学界的爱国热情，而且进一步使社会各界认清了清朝统治者的腐败、卖国，为绍兴起义和辛亥革命打下了思想基础，推动了 1911

年辛亥革命在浙江全省的迅速响应。

燕京大学首任华人校长

燕京大学始建于 1919 年，是第一所向中国政府注册的教会大学，1926 年秋迁入新址，即今天的北京海淀区"燕园"（现北京大学校址）。

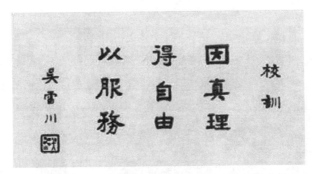

《校训》——吴雷川手书

吴雷川 1929 年至 1934 年间担任燕大校长。其实，在正式担任校长之前，吴雷川在燕京大学 1919 年合并原四所教会学校成立时，就参与了其中的工作，作出不少贡献。吴老于 1926 年担任副校长（1929 年起担任校长）后，更为"燕大的中国化"不懈努力，燕京大学的章程、办学目的、校训等均出自吴雷川之手。在将燕大规划经营成一个环境优美、中西合璧、设施齐全的新型校园方面，吴雷川也起了很大的作用。燕大中西合璧的设计理念，就源于吴雷川倡导的中国式的审美观。后来竺可桢在任浙大校长期间主持修建浙东分校时，又找吴老就学校的规划蓝图征询意见，吴老像当年对待燕京大学一样，认真提出了自己的想法和建议。当时他已年近七旬，精力与笔力均大不如前，但为了中国大学的发展，他不辞辛劳，秉笔直书，对中国教育的一腔热情倾注在了封封信函中（这些珍贵的信函现存浙江师范大学图书馆）。

在燕京大学，吴雷川继续秉承"办好新型大学就要广揽人才、培育大师"的理念，为燕大招募并培养了一批大师级人物。大批海外归来的博士与国外专家的到来，使燕京大学当时的师资力量堪称国内一流，国际上也不可小觑。1928 年"赫尔基金会"支持建立的"哈佛燕京学社"，就是哈佛大学与燕京大学合作的一个研究机构，在其支持下，《燕京学报》成为中国学术性论文的重要阵地。此时，吴雷川亲自兼任国文

吴雷川（左五）与同人合影

系主任，迎来了燕大国文系的鼎盛时期，鲁迅、胡适、闻一多、朱自清都曾来校讲学或任课，当时著名文史权威专家钱玄同、周作人、沈尹默、沈士远、马鉴、郭绍虞、容庚、郑振铎、许地山、谢冰心、顾颉刚、顾随、俞平伯、陆侃如、郑骞等均被聘任。燕大成为中国文史研究的中心和中西文化交流的枢纽。

在担任燕大校长期间，他还实现了燕大办学理念的两个重要转变：一是倡导民主、团结、向上的新型校风，制定了"因真理得自由以服务"的校训，树立科学民主、反对腐败落后的燕京精神。二是改早期教会学校以培养传教士为目的的宗旨为培养服务社会的人才的宗旨，具体

措施有：摆脱完全受美国教会控制的状态，形成相对独立的局面；向中国教育主管部门登记；废除宗教学为全体学生的必修课；强调燕京大学是以沟通中西文化、培养人才为目的的研究型教育机构。

他不仅广揽人才，实施新的教育理念，而且还把这种创新、求实的精神体现在自身的教育实践中。他在兼任国文系主任时，博采众长，形成其办国文系的三个特点：一是古典文学与现代文学并重且相得益彰；二是基础课与选修课双荣并茂；三是东方文化与西方文化互补融合。他治学创新求实并传为佳话的还有：从学生需要出发开"应用文"课；亲自讲"大一国文"并成为传统……此外，他还倡导青年人要为中国的进步、强盛做实事，并亲自调研分析社会时弊，指出当时挽救中国最重要的，一是推进经济改革以改善民生，二是从民众教育入手，实现由下向上的改革。根据这些思考，吴雷川十分认真、系统地评价了国民党前期的改革方略，指出中国当时的急务是要使人人有必需的物质生活条件，这就需要人人注意节约，服从并维护社会的公律。他从一位实践的教育家转变成为一位民本主义十足的社会主义者，并已踏足到社会主义的大门口。

在国家民族面临生死存亡的关键时刻，吴雷川凭借自己在教育界的威望和影响，在挽救民族危机方面，更是展现了老一辈中国传统知识分子的风骨和美德。

1931年"九·一八"事变后，吴雷川多次带头发起为抗日捐款的活动，并担任燕京大学抗日组织负责人。1937年卢沟桥事变后，北平的国立大学相继南迁，燕京大学因为是美国基督教会募捐创办，仍得以暂留在海淀燕园继续开学。这段时间为便于应付日本侵略者，吴雷川决定由校务长司徒雷登取代其校长身份，以便维持燕京大学的安全。1941年美日太平洋战争爆发后，日军占领燕京大学，卖身媚事日寇、成立华北伪政权的大汉奸王克敏久慕吴雷川的为人，想借重青年学生对吴老的景仰笼络人心，欲请吴老出任伪职，遭吴老严词拒绝。为避日伪尘嚣搅扰，吴老先闭门谢客，后来干脆搬出燕园，蛰居城中。

六次"辞官"

吴雷川一生中最为独特的经历之一，就是"辞官"。据家人回忆，大概有六次之多：

第一次辞官是考上进士之后，他曾被安排任县长，但因立志"人生应当为社会切实做点事"，在现实中又碰到徇私与秉公的两难，他不想开营私枉法之端，故而辞官。第二次是被安排到新成立的江北高等学堂任校长后，为尽孝道，不久辞官。第三次是辛亥革命后被公推为杭州市民政长（相当于今市长），在选录僚属时，多方徇请难合，由此感到官场之中真为民之志士罕，逐私利之争斗繁，实非其所堪应付，遂再次决定辞官。第四次即1926年为支持鲁迅先生的爱国行动，在教育部辞去参事（相当今司局级）之职。第五次辞官是因担任燕大校长，辞去教育部次长之职。当时，燕大完成初建准备发展时，出现了生存危机（教会大学主要经费是外国人赞助，北伐后国民政府令各级教会学校应以国人为校长，于是全国教会学校中93%的外籍教师回国）。这时吴雷川以他在中国教育界的威望和美方承认的基督教理论家的优势，发挥独特的作用，最终运用"各自表述"的方法，实现了中国人出任校长（chancellor），维护了民族尊严（美方出任校务长，即president，仍可掌经济实权）。司徒雷登亲赴南京邀请吴雷川任燕京大学第一任华人校长，吴老因此辞去了教育部次长之职（任此职9个月）。之后燕大转危为安，为日后20多年的长足发展奠定了前提条件。第六次，即抗日战争初期，为保留燕京大学继续在北平办学，吴雷川辞去燕大校长职务，由美方代表应付日本侵略者（此时美日尚未宣战）。辞去校长后，他仍专心教学研究，并相继完成了几本专著。

回顾这些辞官经历可以看出，吴雷川终生以教育事业为追求与精神寄托，他的性格始终坚守着忠厚正直、刚正不阿、重在务实、淡泊名利的特点。

淡泊的君子

原全国人大副委员长、燕京大学社会系学生雷洁琼先生 1988 年 11 月为《燕大文史资料》建校 70 周年特辑而撰的"序"中写道：

燕京大学是在我国伟大的"五四"运动时代创办的，具有光荣的革命传统。燕大爱国师生为拯救祖国和民族的危亡，献身民族、民主解放运动，为我国革命事业，创立新中国作出了贡献。燕京大学是一所培育社会服务人才、沟通中西文化、促进国际学术交流的高等学校，它聚集了当时一些著名的中、外专家学者，如吴雷川、陆志韦、洪煨莲、顾颉刚、郑振铎、马鉴、容庚、邓之诚、郭绍虞、许地山、吴文藻、谢玉铭、埃德加·斯诺（Edgar Snow）、夏仁德（Randolphc C. Sailer）、赖朴吾（E. R. Lapwood）、高厚德（Howard Golt）、班维廉（Willam Band）等。它培育了一批又一批学有专长的人才，如谢冰心、黄华、陈翰伯、韩叙、周南、龚澎、韩素音、萧乾、严东生、沈元、侯祥麟、谭文瑞等，为我国文化教育、外交、新闻和科学的发展作出了卓越的贡献。

在雷洁琼先生心目中，吴雷川得以在当时中外专家学者云集的燕大排名第一，不仅因为吴老是该校的首任华人校长，而且吴老本身的学识与人品也得到中外专家学者的首肯。吴雷川的学生辛斤（1913—1988，原名陈新桂，曾任民盟中央张澜主席的秘书，参加了迎接上海解放的工作和全国政协筹备工作）在所撰《敬悼吴雷川先生》一文中评价说："雷川先生的道德文章，久已为国内士林乃至国外人士所熟悉。我觉得他最值得我后辈学子景仰和效法的，是他追求真理的进取精神和他丰富诚挚的情感，以及高风亮节的人格。"

著名作家冰心女士在 1988 年 10 月 21 日清晨写的回忆文章《追忆吴雷川校长》中写道："1926 年我从美国学成归来，在母校燕京大学任教时，初次拜识了吴雷川校长。他本任当时的教育部次长，因为南京教育部有令国内各级教会学校应以国人为校长，经燕大校董会决议，聘请吴老为燕大校长。吴老温蔼慈祥，衣履朴素，走起路来，也是那样地端凝而从容。"此文还记录了冰心夫妇准备去云南大学任教时，吴雷川于 1938 年 6 月赠予他们的一幅书法（录的是清词人潘博的一首《金缕曲》与临别赠言）。冰心老人于 20 世纪 80 年代将这幅字迹装裱后挂在北京家中的客厅里，并评价"吴老的书法是馆阁体，方正端凝，字如其人，至今我仰瞻挂在客厅墙上的这幅字迹，总觉得老人的慈颜就在眼前，往事并不如烟！"

吴雷川 1912 年应蔡元培之邀北上，到民国政府教育部先后任佥事、参事、常务次长，从事教育行政 15 年。其间，鲁迅、钱学森的父亲钱均夫等多位浙江文化名人来该部。吴雷川以诚信立德为信仰、以仁爱育才为事业、以务实报国为终身追求的人格与情操，感染和影响了一批中国优秀的社会科学与自然科学的著名专家学者。他在北京定居 30 多年，与鲁迅、钱三强的父亲钱玄同、钱学森的父亲钱均夫、钱伟长的四叔钱穆等江浙文人交往颇密，叶企孙、严东生、陈岱孙、钱俊瑞等晚辈学子（后来分别成为著名物理学家、化学家和经济学家）也上门讨教。钱玄同为儿子起名"三强"即源于吴雷川要求青年学生德、智、体三方面均要强的含义。特别是与鲁迅先生的友谊：鲁迅 1925 年因支持学生爱国行动被教育部部长章士钊免去佥事，后不久吴雷川亦辞去参事；鲁迅留学日本时站在以孙中山为代表的革命派一边，辛亥革命后回国到1926年为躲避反动当局通缉而南下上海期间，与吴雷川交谊颇深，仅《鲁迅全集》中就记载约20次，如参加吴雷川兄长、夫人的追悼活动，为吴雷川建基督教阅览室捐款，代吴雷川购书等。

作为吴雷川的家人，这位先祖留给我最深的印象，就是忠厚正直、廉洁奉公、淡泊名利。吴雷川一生，无论当教授还是任校长，均能做到廉洁奉公、不染时弊。他在南京辞去教育部次长后，教育部按规定给他加寄一年薪俸，他全数退回。他在燕京大学全体师生心目中一直是最受敬仰的敦厚长者，生活俭朴是十分重要的原因。据资料记载，他在担任校长期间从未支取过全薪，专任教授后也往往只领一半左右的工资（余款均进入"吴雷川奖学金"），住房不及一般教授，多次婉谢校方为他修葺的美意。在人们的记忆中，他秋冬之季总是身着一件洗得褪色的旧夹长袍，外罩一件旧呢大衣，戴一顶脱色的礼帽，以一种整洁朴素的仪表和矍铄端庄的神采显示出中国老一辈知识分子的风骨。他本人虽然生活节俭，可对亲友和学生中经济困难之人却总能慷慨解囊。正是这种情操，才能解释其在晚年所做的安排：将个人藏书全部捐献给北海公园内的松坡图书馆（该馆后并入国立北平图书馆，现为国家图书馆），本人则以抄书为生，清苦自持。

回顾吴雷川的一生，他不仅是我国现代教育界的一颗璀璨明星，更是我国传统知识分子的典型代表。他的德行，他的操守，他的学问和胸襟，他为中国教育呕心沥血的精神和他创新求实的教育理念，已经并将长期影响着后来人。

傅斯年和"中央研究院"历史语言研究所

胡　晓

　　1928 年，南京国民政府成立后不久，即批准创建"国立中央研究院"，并任命文教界领袖蔡元培为院长。历史语言研究所是"中央研究院"最早成立的几个研究所之一，傅斯年长期担任所长，为史语所赢得较高的国际声誉。

"把历史学语言学建设得和生物学地质学等同样"

　　1926 年冬，深受兰克客观主义史学和德国民族主义史学影响的傅斯年应戴季陶、朱家骅、顾孟余的邀请，担任广州中山大学文学院院长兼史学系主任，后又兼国文系主任。他主持文学院后不久，创办了语言历史学研究所，主编《中山大学语言历史学研究所周刊》，延聘顾颉刚、杨振声、吴梅、丁山、罗常培等担任文学院和研究所的教授和研究员。中山大学语言历史学研究所可以说是"中央研究院"历史语言研究所的雏形。

1928 年 4 月，蔡元培出任"中央研究院"院长后，邀请傅斯年襄助院务，并委托傅斯年、顾颉刚、杨振声负责筹办历史语言研究所，三人均为蔡元培执掌北京大学时的文科高才生。7 月，"中央研究院"历史语言研究所在广州正式成立，傅斯年辞去中山大学各种职务，专任"中央研究院"历史语言研究所所长，并创办主编《国立中央研究院历史语言研究所集刊》。

关于办所宗旨，集中体现在傅斯年主撰的《历史语言研究所工作之旨趣》一文中，该文以近代实证科学的观点和方法，比较中西历史学和语言学的发展历程，提出三条标准：一、凡能直接研究材料，便进步；凡间接的研究前人所研究或创造的系统，而不繁丰细密的参照所包含的事实，便退步。二、凡一种学问能扩张它所研究的材料，便进步，不能便退步。三、凡一种学问能扩充它所研究时应用的工具，便进步，不能便退步。由三条标准得出三条宗旨：第一条是保持顾炎武、阎若璩的遗训。因为顾炎武、阎若璩的治学思想和方法，与西方近代实证科学的标准十分接近。第二条是扩张研究的材料。近代西洋人做学问不是光读书，而是动手动脚到处寻找新材料，扩大旧范围。第三条是扩张研究的工具。不少自然科学的知识和方法，运用到历史学和语言学的研究中效果显著。最后旗帜鲜明地提出三句口号："一、把些传统的或自造的'仁义礼智'和其他主观，同历史学和语言学混在一气的人，绝对不是我们的同志！二、要把历史学语言学建设得和生物学地质学等同样，乃是我们的同志！三、我们要科学的东方学之正统在中国！"

"上穷碧落下黄泉，动手动脚找东西"

"中央研究院"历史语言研究所 1928 年 7 月在广州成立后，便确立了"动手动脚找东西"的发展方向。1929 年春，因工作需要，迁址北平北海静心斋后，成立了三个组：第一组历史学，聘陈寅恪任主任；第二组语言学，聘赵元任任主任；第三组考古学，聘李济任主任。其时北平故宫散出的内阁大库档案已由所里购得；赵元任制定了大规模调查全国方言的计划；董作宾已主持完成了河南安阳殷墟的首次发掘。随后这三大课题成为三个组的工作重点，整理内阁大库档案方面，由陈寅恪、徐中舒负责，在抗战开始前，已将全部档案初步完成分类清理，并择要刊布《明清史料》甲、乙、丙、丁各编。调查各省方言方面，由赵元任、李方桂、罗常培负责，在抗战前已完成湖北、湖南、广西、江西、安徽等省的方言调查，抗战时又完成了云南、四川等省的方言调查，并先后刊布调查报告。安阳殷墟考古发掘方面，由李济、董作宾、梁思永负责，抗战前在安阳共进行了 15 次发掘，《安阳发掘报告》《殷墟文字》等陆续刊布。

"九一八"事变后，史语所迁上海，1934 年，"中央研究院"在南京集中兴建办公场所，史语所再迁南京北极阁。新增第四组人类学，主任吴定良，由社会科学所民族学组与历史语言所第三组人类学部分合并而成，主要从事少数民族调查和人类体质测量。这一时期，环境相对稳定，经费比较充裕，书籍、设备添置了不少，研究人员也有所增加，因而各组的工作进展较为顺利，课题成果相继推出，在学术界赢得了较高声誉。

1937 年，史语所被迫迁长沙，次年再迁昆明，1940 年冬，由昆明迁四川南溪县李庄定居下来，直到抗战胜利。这段时间，虽然条件艰苦，但所里历年积累的书籍、拓片、标本、古物、仪器都想方设法运了过去，因此四个组的研究工作都没有中断，研究人员还有所增加。当时傅斯年还兼任北京大学文科研究所所长，文科所的不少青年学者亦聚集在李庄。

抗日战争胜利后，历史语言研究所于 1946 年秋迁回南京，1948 年冬迁台湾，部分人员留在了大陆。根据史语所 1948 年度报告，共有研究人员 58 人，加职员共 84 人，在"中央研究院"13 个所中排第一。20 多年来，取得的学术成果也相当丰富，有调查报告、资料汇编、古籍考订、学术专著、文史工具书等数十种，历史语言研究所《集刊》出了 20 多本，还编辑出版了《中国考古学报》（原名《田野考古报告》）、《人类学集刊》等，不少论著成为民国后期学术史上的经典作品。

"科学的东方学之正统在中国"

傅斯年的挚友罗家伦说："他办历史语言研究所时所树立的标准很高，观念很近代化""历史语言研究所的'集刊'和'分刊'，得到国际学术界很高的重视，研究所的本身也取得了国际学术界很高的地位。这自然是经由许多学者协力造成的，可是孟真领导的力量是不可磨灭的"。杜维运在《傅孟真与中国新史学》中认为"自晚清迄今百年间的新史学，其创获辉煌成绩者，不是梁启超、何炳松所倡导的新史学，而是傅孟真先生所实际领导的新史学"。

傅斯年在"中央研究院"里，一直是蔡元培院长的得力助手。"中研院"资深研究员董作宾说："孟真先生一直是蔡先生的重要助手，他名义上是史语所的所长，实际上等于一个义务总干事。"

史语所学术地位的奠定，与这些杰出的学术领军人物自然密不可分，而一大批学术新锐的努力亦功不可没。这些学术新锐主要通过三种途径进所，一是由傅斯年"拔尖"录用，二是由专家推荐，三是通过考试选优。他们初入所，大多是协助各组学术领军人物完成重大的集体项目，经过多年的沉潜和积淀，相继推出自己的代表作品，成为某一领域、某一方面的专家。

当然，学术重镇史语所的头号功臣自然非所长傅斯年莫属。20 多年来，他对于史语所的筹备创办、宗旨学风、课题规划、人才引进、经费筹措、编辑出版、图书采购、资料保存等诸多事务，都付出了极大的心血。第二任所长董作宾说："他成就了多少青年学者？他刊印了多少各方面的论著？原来预定的计划都一一付诸实现了，'科学的东方学之正统在中国'，这口气也争过来了""有远大的眼光，有周密的计划，有渊博的知识，有奇伟的才具，既然'能'，又肯'为'，孟真先生的学问，固然不限于此，但是他的事业却表现于此"。

北平研究院的创建者李书华

王英春

李书华，1889 年生于河北省卢龙县，1976 年病逝于美国纽约。其生前曾任国民政府教育部部长、北平大学区代校长、中央研究院总干事、中国物理学会和天文学会会长、联合国教科文组织中国首席代表等职。作为中国近现代史上第一位获得巴黎大学国家理学博士学位的中国学者，他为北京大学物理系、北平研究院、中央研究院、中国物理学会的发展作出了重大贡献。

作为世界知名教育家和物理学家，李书华虽声名赫赫，但他对中国、对世界科教事业的发展所做出的贡献，却因种种原因，在国内鲜为人知。

负笈留法　学有所成

李书华，字润章，1889 年 2 月 10 日生于卢龙县新房子村（旧属昌黎县）的一个书香世家，自幼受到传统文化的熏陶，6 岁开始入家塾就读，师从名师，接受旧式教育。1905 年曾与中国共产主义运动的先驱、中国共产党的创始人李大钊等一同赴永平府城——卢龙进行科举考试，成绩名列前茅，本望晋升仕途。不料是年 8 月，清廷实行新政，诏废科举，无奈返乡续读。10 年寒窗苦读，既奠定了雄厚的国学根底，又培养了严谨的治学态度和孜孜不倦的钻研精神。

1908 年，李书华从永平府中学堂考入保定直隶高等农业学堂（今河北农业大学前身）。在校期间，他受"西学东渐"的影响，并目睹晚清政府的腐败无能，逐步接受了资产阶级民主革命思想，笃信实业救国论，更加发愤攻读，1912 年以农科第一名的成绩毕业，经蔡元培、李石曾的推荐，与同乡魏树勋（字希尧，电力学家）等人获准直隶官费赴法留学。

当时，全国仅有 30 余人获此资格，每年得公助大洋 600 元。生员在北京留法预备学校补习法语七八个月后，由北京乘火车经秦皇岛、沈阳、哈尔滨、满洲里，穿过西伯利亚，复经莫斯科、华沙、柏林到巴黎，开始了他长达十年的留法生活。

在法时期，李书华曾就读于蒙达邑预备学校、莫兰中学、土伦大学、巴黎大学，与傅斯年、李四光、丁燮林等结下了深厚的友谊。随着学识的增加，视野的拓宽，他逐步认识到实业救国的道路过于狭隘，要改变祖国贫穷落后的面貌，实现国富民强，就得依赖科技进步。为此，面对学习、生活、文化环境等方面的差异，他奋力拼搏，先后师从巴斯、立波满、居里夫人等名家，刻苦攻读物理学，相继取得自由硕士与任教硕士学位。

1919 年五四运动后，留法勤工俭学运动达到高潮。大批莘莘学子到法后，相继组建了形形色色的社团。李书华清晰地记得有蔡和森、李维汉领导的工余世界社，赵世炎、李立三领导的劳动学社，陈延年、陈乔年、李卓领导的工余社，曾琦、周太玄领导的少年中国学会。而他自己则与王世杰、李圣章等组织了国际和平促进会，并相继组织领导了反对签订《凡尔赛和约》《中法借款条约》的斗争。

1920 年 6 月，李书华考入巴黎大学理学院，师从诺贝尔奖获得者佩林教授进行电解质与极化作用的研究，并取得丰硕成果，其博士论文《极化膜的选择渗透性》，以扎实的实验数据、见解的独特性，被《法国物理学报》全文发表，主要数据与观点被《法国科学院周报》刊载。1922 年 7 月，他成为第一位获得法国国家理学博士学位的中国学者。

投身高教　享誉华夏

北京大学是我国最早建立的高等学府，自蔡元培任校长后，因采取兼容并包策略，广纳各方贤才，校风为之一新。改造本校物理系是李书华多年的愿望。早在留法时期，他就与蔡元培多次交谈，并于 1920 年接受了北京大学驻欧通讯员的聘书。1922 年 7 月获得博士学位后，李书华即应蔡元培之邀，到物理系任教，并于 1925 年担任系主任之职。

作为一名教育家，李书华重视基础知识和基本理论教育，强调学生必须有比较全面的知识。他积极参与课程改革，由初级物理到普通物理，乃至专门物理，使科目设置配套更加合理。他的讲课总是循循善诱、生动活泼，深受学生欢迎。在教学内容上，他积极主张对世界科学取最新知识，融会贯通，为我所用，并率先躬行。譬如，他主讲的近代物理，大部分选自居里夫人在巴黎大学讲授的最新资料，对学生极具吸引力。即便是外系学生，如地质系的裴文中、生物系的郝景盛、化学系的冯式权等也极愿旁听，并留下了深刻印象。

为培养学生治学治事能力，李书华注重实践、崇尚求实，反对空谈。他深知物理学是实验科学，没有相应水平的实验室与器材设备，就很难提高师生的学术水平。为此，在经费极其紧绌的情况下，他与颜任光、丁燮林、何育杰等同事密切合作，制成成套设备20余种、零配件不计其数；而其编写的《普通物理学实验讲义》由校方作为大学丛书铅印出版。

李书华对教育事业一往情深、执着追求。在20世纪20年代末，由于军阀混战，教育经费拮据，北大一年只能发薪四五个月，在不少教授辞职另谋高就的情况下，他也初衷不改，为培养国家栋梁干才之志不移。据回忆："那几年，我全部的精力，都给予北大物理系……除授课外，我终日在办公室或实验室工作。一方面充实功课内容，另一方面为学生准备实验室的各种实验。"在任北平大学区副校长所谓一生最忙的时期，"仍然每周到北大学院物理系授课两小时"。同时，他坚定奉行"宁缺毋滥"的办学方针，严格授课、实验与考试纪律等制度，使教师专心教研、学生致力攻读，从而保障了学生的学业水平。

经过几年的努力，北大物理系预科学生的水平，已与美国大学一年级学生的水平相当；本科毕业生的水平，已处在美国学士与硕士之间。这点诚如1927年中华教育文化基金董事会第三次报告所言："国立北京大学……首推物理系……洵为全国名校之冠。"北大物理系发展到今天，培养出中国超导首席专家甘子钊，航空动力学家郭永怀，两弹元勋邓稼先，氢弹之父于敏，诺贝尔奖获得者杨振宁、李政道……李书华先生奠基之伟绩不可磨灭。

作为一代教育家，李书华积极发展高教事业。在任中法大学校长时期，他千方百计筹措资金，广延学者名流，增设系别，充实教学课程，扩充各实验室设备，使中法大学成为当时北方著名的私立大学。在此需要提及的是，他拥有为国举士无私无畏的超凡胆识与魄力，慧眼识人、不拘一格提拔与使用人才是其人生品识的表现。1931年在任教育部部长时，李书华顶住重重压力与各方说教，力排众议，毅然任命无党派人士梅贻琦为清华大学校长，解决了拖延达一年之久的校长人选问题。梅贻琦上任后，果不负众望，励精图治，不仅保障了清华大学的健康发展，为国家培养了成千上万的科技人才；而且成为中国现代高校史上任职达31年（包含台湾清华大学）之久的著名教育家，使得李书华认为这是他任职时期"最引为自豪的事"。

献身科研　一代先驱

李书华回国后，广泛联系学界同人，积极组建中国物理学会与天文学会，并相继担任两会理事会理事长。为提高国民的整体科技水平，他与其弟、北洋工学院院长李书田，应天津《大公报》主编张季鸾之邀，主持编辑该报副刊——《科学周刊》，相继发表了《相对论及其产生前后状况》《原子论浅说》《各国物理学家对于物理学的贡献》等一系列内容通俗生动、阐理深入浅出、文笔凝练的科普文章。20 世纪 40 年代初期，他又应商务印书馆王云五之邀，主编了《科学概论》一书，为普及和提高民众特别是青年的科技常识作出了贡献。

作为一位科学家，李书华极其重视科技在国家经济建设中的地位与作用。为培养优秀科技人才，他在任北京大学物理系主任，特别是任中法大学代校长期间，凭借自身在国际上的影响力，常常邀请国外著名学者来校进行学术讲座，以便拓宽学生视野。如 1926 年 10 月 14 日，法国电传图像发明家白兰莅临中法大学演讲《电传图像》原理，并假北京大学物理实验室，利用京沈长途电话线，将李书华写给东北大学张翼军教授的亲笔信原件原样传送成功，令师生惊讶称叹之余，大开眼界，增强了学生的学习兴趣。随后，他又将白兰演讲全文译成中文，刊载在《中法教育界》。这是电传图像首次在中国出现。在任教育部长时期，李书华为鼓励高等人才的培养，专门在各国立大学、学院设置实用科学奖学补助金制度，奖励学业优良之学生，并相沿不改，成为定制，在培养科技实用人才上发挥了积极作用。

尤为称道的是，北平研究院从 1929 年成立到 1949 年被人民政府接收，由于院长李石曾社会事务烦冗，故院务实由副院长李书华主持，直至 1947 年 2 月 25 日，李书华被正式任命为院长为止。平研院共设有物理、化学、原子学、生理学、药物学、植物学、动物学、地质、史学九个研究所，并附有水利、经济等若干研究会，研究人员百余名，设有科学专刊、丛刊 18 种。

李书华为人敦厚、淳朴，处事公正，任职期间清廉耿介、恪尽职守、尊重知识、尊重人才，具有在东西不同文化背景下生活的阅历，对东西方社会特征、文化传统有着独特的感受和认识，故善于把东西方的价值观念通过比较而融合吸收，为己所用，具有极强的适应性与协调能力，所以在其周围汇集了陈省身、饶毓泰、曾昭抡、经利彬、竺可桢等科技界的一大批精英。因此，平研院虽经八年抗战，而学术研究不辍，在中国科技史上写下了光辉的一页。这从《国立北平研究院概述》与《国立北平研究院出版目录》中可窥一二。周口店北京猿人化石的发现即是例证。

北平研究院成立后，周口店考古发掘工作由该院地质研究所与经济部地质调查所合作进行。自 1929 年 12 月 2 日，裴文中首先发掘出第一块完整的猿人头骨化石后，北平研究院即增加投资，加大考古力度，1930 年又发现石器和用火痕迹。经过多年挖掘，共清理出 40 多个个体的"北京人"化石、数以万计的石器、大量的用火证据及近百种哺乳动物化石。这无论是从数量上，还是从完整性、系统性上来看，至今仍可说在世界古人类学考古史上绝无仅有。它不仅给古人类学的研究增添了宝贵的科学资料，而且使得周口店从此成为世界人文胜地，乃至成为世界文化遗产保护遗址。

把科研与外事活动结合在一起，是李书华从事科研活动的真实写照。作为一位开放性的学者，李书华始终密切注视着各国的最新科研动态，具有强烈的敬业精神。在派遣研究人员赴外进行学术交流的同时，他常常遍历欧美各国著名学府与研究机构，了解科技前沿动态，以便取人之长、补己之短。1945 年，李书华参加了联合国教科文组织筹建大会。该组织原想称"教育文化组织"，因英国代表认为科学重要，故增之，得称今名。在讨论其总部所在地时，李书华力主设在巴黎，得到与会代表的一致赞同。此后，他又多次参加该组织的全会，考察英国、美国、日本等国的各大科研单位，参观牛津大学、剑桥大学、哈佛大学、斯坦福大学、东京大学等世界一流院校，先后拜访了爱因斯坦、欧内斯特·劳伦斯等十几位诺贝尔奖获得者，与世界顶尖科学家在学术问题上进行交流，故能高瞻远瞩，把握时代潮流，因势利导，发展中国的科研事业，提高中国的科研水准。早在 1932 年，该院就与中法大学合作成立了以严济慈为所长的镭学研究所，聘请居里夫人的学生郑大章等人研究放射性物质与 X 射线，从事早期原子核物理的研究，成果颇丰。1948 年改组镭所，组建了原子学研究所，邀请师从约里奥·居里的钱三强担任所长，与其夫人何泽慧等共同从事核物理的研究，这是中国最早的原子科学研究所，为中国核物理学的研究积累了极其珍贵的资料。

平研院在李书华的领导下，以及同人的共同努力，使得中国近现代科研初步实现了从无到有、从少到多、从粗到精的转变。中华人民共和国成立后，以北平研究院为基础，组建了中国科学院，而平研院学术会议成员与研究人员中的大部分成为中国的第一批学部委员。

北平解放前夕，李书华离开祖国移居美国，但其孜孜致力于发展中国科研事业的精神与业绩，确当永昭青史，称之为中国现代科技研究的先驱，实乃当之无愧。在中国科技发展史上，理应补上这段历史空白，恢复历史原貌。

爱国思乡　懿风永垂

让人钦佩的是，李书华虽移居海外，但作为中华儿女，他时刻不忘宣传祖国传统文化。他曾在德国汉堡大学讲授"中国文学"，到美国后又长期从事中国古代科技史的研究，先后著有《指南针与指南车》《纸的起源》《纸的传播与古纸的发现》《中国印刷术起源》等论著。随着年龄的增大，他的思乡之情日甚。他的家乡东 40 里有一座名山，是《禹贡》中"太行恒山至于碣石入于海"的碣石山。为表达思乡之情，他取美国寓所名为"碣庐"，将自己的回忆录定名为《碣庐集》。中华人民共和国成立后，周恩来、邓小平等领导人多次邀请李书华回国观光。对此，李书华也曾予以响应，派女儿李幼贞回国探亲，并受到邓小平的接见。但他虑及自己年迈体衰，归国徒然是给国家增加负担；同时由于国内政治风云变幻不定，他最终未能回到家乡故里，带着遗憾于1976 年病逝于纽约。

李书华对科技的执着追求与对祖国的挚爱，亦直接或间接地影响着他的后人。其家族中先后有 18 人获得博士学位，成为一个罕见的科技世家。正因如此，其外侄孙朱棣文博士在《人民日报》和新华社记者采访问及成功之道时，直言不讳地说：家庭对他的影响是很大的。同时，为表达李书华的爱国之心，其夫人王文田女士病逝前，将二人平生积攒的 20 余万美元捐给南开大学，于 2003 年设立了李书华 - 王文田奖学金，以奖励为祖国科技事业的发展不倦学习、学有所成的学子。

美国的学士　清朝的进士　香港的博士

——纪念詹天佑逝世 90 周年

邵　纯

今年（2009）4 月 24 日是詹天佑逝世 90 周年的纪念日，这位年轻时的游泳健将、棒球能手，才 59 岁就过早地逝世了。他为中国初创的铁路事业甘愿自我牺牲。对他的早逝，我们格外惋惜和悲伤，至今缅怀着他辉煌的、造福于人民的一生。

一

周恩来说过："詹天佑是中国人的光荣"，这个评价是有充分根据的。由于容闳百折不挠的努力，清政府于 1872—1875 年分四批选派了 120 名幼童留学生到美国读书。1881 年美国制定反华法案，这些留学生被迫回国时，只有两个人完成了大学学业——一位是 12 岁赴美国留学的詹天佑，另一位是欧阳赓，后来成了外交家。20 岁的詹天佑毕业于美国耶鲁大学雪菲尔得理工学院土木工程系铁路专业，获哲学学士学位。

詹天佑回国后遭到腐败清政府的漠视，被派到福州学习驾驶轮船，后到广州当英文教习，学非所用，备遭冷落，蹉跎七年之久。1887 年李鸿章开办"中国铁路公司"，次年詹天佑得以北上直隶，开始从事铁路修筑、管理和科研事业。他投身铁路事业 31 年，真正做到了鞠躬尽瘁，死而后已。

詹天佑是一位具有很高天赋而又极其勤奋的人，因为成就卓著，他不仅在国内备受称颂，而且饮誉海外，且看他获得的下列成就与荣誉：

1879 年在美国获耶鲁大学数学奖第一名；

1880 年在耶鲁大学再获数学奖；

1894 年成为中国被选入英国土木工程师学会第一人；

1904 年被中国铁路总公司聘为工程顾问；

1905 年被选入欧洲皇家工程师建筑师学会；

1907 年被任命为京张铁路总办兼总工程师；

1908 年出任邮传部二等顾问官；

1909 年被选为美国土木工程师学会会员，英国皇家工商技艺学会会员、英国北方科学与文艺学会会员；

1910 年被清政府授予"工科进士"第一名，实为工科状元；

1912 年获三等嘉禾章，同年被选为广东中华工程师会首任会长，并被选为英国混凝土学会会员；

1913 年被选为中华工程师会首任会长；

1914 年被选为中华工业会名誉会长，获二等嘉禾章，被选为英国铁路学会会员；

1915 年连任中华工程师会会长（改名为中华工程师学会），出版《新编华英工学字汇》《京张铁路工程纪略》及图册；

1916 年获香港大学法学博士学位；

1917 年获交通部名誉奖章，第二次被选为中华工程师学会会长，并任《交通丛报社》名誉社长；

1918 年获二级宝光嘉禾章；

1919 年 4 月 24 日詹天佑逝世后，民国政府决定将他一生的事迹付国史立传，并在八达岭树詹天佑铜像，以示永久的景仰与怀念。

在上述一系列的学位、荣誉和职务中，特别值得一说的是留学美国的詹天佑为什么当了清朝"工科进士"？一位铁路工程师，为什么当了香港大学的"法学博士"？

二

先说"工科进士第一名"的由来。中国自隋朝起实行科举制度，这是此后历代公开选拔人才，充当官员的唯一办法。参加童试（又称府试）合格者为"庠生"，俗称"秀才"；参加三年一次的"乡试"入选者为"举人"；参加殿试入选者为"进士"。科举考试的内容主要是四书五经，会写八股文，书法如何也是考核中的一项。晚清以前中国没有自然科学教育，只认"子曰诗云""之乎者也"。鸦片战争后，洋人冲开了"天朝"的大门，中国备受欺凌，为"师夷长技"，曾国藩、张之洞、李鸿章等人发起洋务运动，中国出现了发电、钢铁、机械、造船、铁路、纺织等近代工业，因此需要大量的工程技术人员。然而中国没有近代教育制度，无从培养这方面的人才，出国留学便应运而生。同时，在科举考试中破天荒地设置了"法科举人""理科举人"等名衔。从光绪三十一年（1905 年）起，对回国的留学生进行考试，其中最优秀者授予"进士出身"；考试优等及中等成绩者，授予"举人出身"，并各加某某学科的字样。比如，中国近代著名的学者严复，他 1879 年从英国留学回国后，还得参加科举考试，否则不算是正宗的"读书人"，精通英语不如熟悉《论语》。

严复生于 1854 年，比詹天佑年长七岁，他们是同时代的英、美留学生。严复回国后面临"非进士"问题，詹天佑面临同样的问题。詹公是 1881 年回国的，经过 19 年的奋斗，他以蜚声海内外的成就，赢得了无可非议的盛誉，1910 年清政府未经考试就授予了詹天佑"工科进士"第一名。詹天佑还被指定为考核归国留学生的主试官。

最早的铁路于 1825 年 9 月出现在英国。40 年后的 1865 年，英国商人杜兰德在北京宣武门外铺设了一条半公里长的小铁路，行驶小火车，带有商业广告的性质。不料，清政府视其为怪物，谣言四起，被步军统领衙门拆除，只留下了一个稀奇古怪的传说。1876 年，英国人修筑了从上海到吴淞镇的铁路，全长 15 千米。因路轨上轧死了一个人等原因，清政府用 28.5 万两银子收买了这条铁路后拆除。但腐朽的政治力量是无法从根本上阻挡科技发展的，随着洋务运动的进展，在中国兴办铁路事业已势在必行。为了运输煤炭，中国于 1881 年修筑了从唐山到胥各庄的第一条铁路，全长 7.8 千米，因为没有火车头，用骡马拉动车厢。次年，中国工人根据英国工程师金达的图纸，造出了中国历史上第一台蒸汽机车，车身两侧刻上了"龙"的图案。1886 年李鸿章开办"开平铁路公司"，他打算把以唐山为起点的铁路修到山海关以外的东北地区。在这样的背景下，詹天佑得以施展才干。当时 32 岁的詹天佑，一出手就打了一个使洋人都佩服的漂亮仗。英国人喀克司修筑滦河大桥，因河水湍急而失败了，詹天佑义无反顾地接过这个难题，采用"气压沉箱"的技术，出色地完成了用混凝土在河水中筑造桥墩的任务。滦河大桥全长 600 多米，有跨度不同的 17 个孔，这在当时可说是一项高难度的大工程了。此后，詹天佑奔波于山海关内外各地从事修筑铁路工作，硕果累累，声望日隆，逐步成为当时中国最负盛名的工程技术权威。

詹天佑最大的成就是 1905—1909 年负责修筑长达 200 公里的京张铁路。当时的情况是资金缺少、技术落后、沿途山高河宽。英国人和俄国人都认为中国无力完成这项艰巨的工程，为大捞一笔金钱，英、俄争夺此工程的修筑权，制造了不少麻烦。在这样的背景下，詹天佑毅然决然地肩负起了这个难题，并不准外国人擅自插手这项工程。1906 年 5 月 29 日詹天佑写信给美国友人布雷肯里奇，请他从芝加哥代购两种规格的钢卷尺八盘，由此可见当时中国的技术设备和工具是何等落后！

修筑从北京到张家口的铁路之前，詹天佑于 1905 年 5 月 10 日率领勘测队从丰台出发，爬山越岭，风餐露宿，21 天后到达张家口。两天后詹天佑率队返程再勘测，对途中的一山一丘一沟一壑都极认真地测绘记录，同年 6 月 16 日詹天佑夜宿北京阜成门，共用了 58 天出色地完成了全线的勘测任务。进行如此长途的勘测，并无现代的交通工具，逢山路靠双腿，爬山越岭，险象环生，遇平原则骑驴行进。到达张家口那一天，詹天佑率队边测量、边行进，一昼夜走了 32 里路，其艰辛劳累可想而知。

1905 年 10 月 2 日京张铁路正式开工，1906 年 1 月 6 日从丰台开始铺轨，詹天佑以创业者的雄心亲自打下了第一颗道钉。京张铁路全线最大的拦路虎是八达岭与怀来河。不能把高山铲平，就得爬山和凿洞；不能把河流填平，就必须架桥。火车不可能爬到八达岭的顶峰再滑下来，也不宜从山脚下凿长洞穿山。当年最佳的选择是火车爬到可能的高度再凿洞穿山，因为山是三角形的，从山腰上凿洞比从山脚下凿洞要短。但是，火车爬坡的坡度不能超过 33‰，否则不安全，因此詹天佑采用了"之"字形线路的办法，迂回爬坡到设定的高度再凿山洞。京张铁路须穿过居庸关、五桂头、石佛寺、八达岭四座大山，其中最长的八达岭山洞长 1091.18 米。凿穿这样长的山洞，在当今也是大工程。当时无数人望而生畏，但詹天佑以科学的精神和非凡的勇气向高山开战。

如单向凿进，则越深入越困难。因此，詹天佑不仅采取双向对凿的办法，而且从山顶分段打了两个施工井，直径为 10 米，井深 84 米，这样一来，就可有总共六个工作面同时凿进。经过一年半的奋战，八达岭隧道全线凿通。怀来河大桥全部为钢铁结构，在詹天佑的指挥下，用了半年多的时间铆钉构架成桥。1909 年 9 月 24 日京张铁路全线通车。詹天佑就是用这样出色的成就获得了"工科进士第一名"之誉。京张铁路通车整整 100 年了，那些隧道和其他铁路工程仍安然无恙。

三

1916 年 12 月，香港大学授予詹天佑名誉法学博士学位，并举行了隆重的仪式。詹天佑是铁路专家，为什么被授予法学博士？铁路运输具有"准军事"管理的性质，保证安全运行是铁路运输的头号问题。在中国铁路事业的初创阶段，詹天佑呕心沥血，亲自制定了大量的具有法律性质的制度、规则、章程，如《司机匠应遵守风闸规则》《风雨雾雪行车特别规则》《南口至康庄遇险救援办法》等，这些卓有成效的法规，对火车的安全运行是至关重要的，所以詹天佑成为法学博士当之无愧。

四

詹天佑是一位热爱祖国的人，一位道德高尚的人，一位非常谦逊的人。他从不夸夸其谈，非说不可的时候，会说上几句至关重要的话；非写不可的时候，会言简意赅地写出自己的独立见解。1918 年在汉口欧美同学恳谈会上讲话，他号召大家："各出所学，各尽所知，使国家富强，不受外侮，足以自立于地球之上。"这一段话正是他一生的写照。詹天佑不但对自己要求非常严格，对同事、对下属既爱护又严格，可谓良师益友。他为身边的工程技术人员提出了八句"看语"，即贴在墙上时时观看的思想和行为准则。这八句"看语"是：

> 洁己奉公，不辞劳怨；
>
> 勤慎精细，恪守规范；
>
> 志趋诚笃，无挟偏私；
>
> 明体达用，善于调度。

这八句话，对于现在的一切公职人员仍不失为一个相当高的标准。詹天佑逝世的前一年，公开发表了近 2000 字的《敬告青年工学家》一文，开篇阐述科技兴国的道理，然后向年轻的工程技术人员提出的第一个要求是："精研学术以资发明"；第二个要求是："崇尚道德而高人格"；第三个要求是："循序以进，毋越范围"；第四个要求是："筹画须详，临事以慎"。此文最后说："以上所述，呈仅就修业、进德、守规、处事，而举其大纲，实为青年工学家立身之要则。""天下一家，中国一人，此圣人所以为圣也，望群君其共勉之，不佞有厚望焉。"90 年前詹公的这些谆谆之嘱，至今仍有强烈的现实意义。

詹天佑负责兴办铁路，31 年间经手的钱财不计其数，但他始终做到了清正廉洁、两袖清风、一尘不染。1902 年詹天佑任易新铁路总工程师。这段铁路又叫"西陵铁路"（从新城县高碑店到易县梁各庄，全长 43 千米）。此路通行后，慈禧太后乘火车到西陵谒祭。她想不到火车行驶得既快捷而又平稳，比坐轿子或马车舒服得多。高兴之余，她决意将车厢内的全部陈设品都奖给詹天佑。慈禧太后以生活奢侈著称，她所乘的车厢内陈设品之丰富和贵重可想而知。詹天佑得知此事后，只取了一个小座钟作为筑路的纪念品（他自幼年时就喜欢拆卸和重新组装钟表），其他物品全部分给了司机张美以及其他铁路员工。20 世纪 50 年代张美仍健在，他回忆这些往事，对恩师一贯"言不及私"的品德赞不绝口。

詹天佑有"中国工程之父"的美誉，但他从来不事张扬、低调为人、谦虚谨慎。在京张铁路通车的庆典上，以詹天佑的身份必须讲话，无法推辞。他见有众多外国人参加，所以用英语发表了演讲。演讲后，他对身边的友人说："我主办京张铁路，你知道我经历的最大困难是什么吗？"友人说："当然是开凿八达岭隧道！"詹天佑笑着说："不对，我刚才致辞演讲比开凿八达岭隧道更困难。"这幽默的自白，既说明詹天佑少说多做的性格，也无意中把日日夜夜的无比辛劳化为笑谈了。

为有形与无形的桥梁奋斗一生的大师

——茅以升

钱 凯[*]

茅以升（1896—1989），字唐臣，江苏镇江人。他主持设计并组织修建的钱塘江铁路公路两用大桥，成为中国铁路桥梁史上的里程碑。这座桥设计寿命50年，然而74年无大修；设计时速20千米，现在动车时速120千米，汽车百千米，至今仍在超期、超限、超载服役。

建桥也是革命

儿时的茅以升，一叶扁舟辞别故乡镇江，来到南京求学。有一年端午节，秦淮河赛龙舟，观者挤坍文德桥，溺死多人。时在南京思益学堂读书的茅以升闻之，心中萌生建桥之愿。

1911年，茅以升考入唐山路矿学堂预科。同年秋，辛亥革命席卷华夏，不少同学投笔从戎，血气方刚的茅以升在教室再也坐不住了。1912

* 钱凯，江苏省镇江市政协文史委原主任。

年秋，孙中山先生到唐山路矿学堂发表演说。他告诫同学们：中国革命的成功，绝不是仅仅需要一支武装大军，而是同时需要武装和建设这两路大军。在座诸位不必都投身于锋镝之间，在中国广袤的土地上，需要修建无数座桥梁，要修建十万英里的铁路和一百万英里的公路。否则，中国的富强，中华民族在世界列强面前真正地站起来，都是不可能的。茅以升暗暗立下誓言：当一个中国的桥梁专家。他朝夕苦读，大学四年的总成绩名列全校榜首，并仅用一年就攻下硕士学位。

毕业前夕，贾柯贝教授特意邀茅以升到寓所喝咖啡，请茅以升留校做他的助教。能被在学术界甚有影响的系主任点名留在身边，不但是许多人求之不得的殊荣，而且等于登上晋升教授的直达快车。然而，为了实现当年的誓言，他还必须学到造桥的全部真本领。他婉言谢绝了系主任的美意。教授完全理解面前的年轻人，他不但没有生气，还亲自推荐茅以升到匹兹堡桥梁公司实习。这个公司无论在桥梁工程的理论上还是在实践上，实力都是当时世界一流的。

每天白天，茅以升在匹兹堡桥梁公司学习从绘图、设计到木工、钣金、油漆等各工种的造桥必需知识。晚上，他又赶到卡内基—梅隆理工学院桥梁系上夜大学，攻读博士学位。1919 年 10 月，茅以升 30 万字的博士论文《桥梁桁架之次应力》被全票通过，获得卡内基理工学院首名工学博士。1919 年 12 月，茅以升学成归国。

中国人自己设计建造的第一座现代化大桥

归国以后，由于种种客观因素，他除了在任教的几所大学给学生讲造桥、教造桥外，实际接触桥梁只有两次：一次是在 1920 年南京下关惠民桥修建中担任工程顾问；一次是 1928 年参加济南黄河大桥的修理。直到 1933 年，机遇才姗姗来迟。

1933 年 3 月，茅以升接到时任浙赣铁路局局长杜镇远的电报和长函："浙赣铁路已由杭州通至玉山，一两年后即可通至南昌；全省公路已达 3000 千米，正向各邻省连接。然而钱塘江将浙省分为东西，铁路、公路无法贯通，不但一省的交通受了限制，而且对全国国防与经济文化也大有妨碍。建设厅长曾养甫想推动各方，修建钱塘江大桥，现在时机成熟，拟将此重任，寄诸足下，特此转达，务望即日来杭，面商一切。"

不几天，浙江公路局局长陈体诚也来信力劝："我国铁路桥梁，过去都是由外国人包办的，现在我们有自己造桥的机会，千万不可错过。"看了两位老同学的电函，茅以升迅即向学校请了假，直奔杭州。在与杜镇远、陈体诚两位老同学面商之后，他又去见浙江省建设厅长曾养甫。曾养甫在病榻上会见了茅以升，他快人快语：经费我负责，工程你负责，让我们共同努力，一定把桥造好。

早年，杭州人若讲起某件事情绝对办不成，便说："除非钱塘江上架大桥。"原因有三。其一，钱塘江是一条凶险的江，上游时有山洪暴发，江流汹涌；下游常有海浪涌入，波涛险恶；若遇台风过境，浊浪排空，越发势不可当；倘提及钱塘江江潮，更是令人色变震恐，潮头壁立，高达五至七米，势如万马奔腾、排山倒海。其二，自古传说钱塘江无底，底自然是有的，可是既极深又有流沙。据测，沙层厚达 41 米，而且在激流冲刷下变化莫测，给打桩建桥造成极大困难。其三，从来无人胆敢一试。外国工程师们屡以妄言吓唬中华儿女：能在钱塘江上造大桥的中国工程师还没出生呢！

茅以升清楚地看到，在他面前横亘着一道道的艰难险阻，但他矢志不移：一定要为祖国造出第一座由中国人自己设计建造的现代化大桥。

1933 年 8 月，茅以升辞去北洋大学教授工作，南下杭州。

虽然事先作了充分的思想准备，但真正动手干的时候，接踵而至的困难还是远远超出了他的预料。一开始，款项筹集问题就引发了浙江省、铁道部、外国银行、国内银行四方之间错综复杂的多组矛盾。虽然最后达成协议，把建成后的钱塘江大桥按贷款比例分别抵押，但这几对矛盾自始至终让茅以升这个搞工程的人无法安宁。

茅以升到杭州后，发现美国桥梁专家华德尔已作了一套大桥设计方案。华德尔时任中国铁道部顾问，叫他设计，他就不会反对浙江建桥，还可利用他的招牌筹款。茅以升迅即率领中国工程师们昼夜兼程，精心设计，很快拿出新的设计方案：双层桥，上层为公路，下层为铁路，造价510万。美方方案是单层桥，中间铁路，两边公路，造价758万。两相比较，中方设计远胜美方。但开始只敢说是根据华德尔设计"略予修改"，经费落实后，才敢宣布"完全是中国人自己设计的"。

"造桥是爱国，炸桥也是爱国！"

1935年4月6日，大桥正式开工。头一个难题是打桩。要把长长的木桩打进厚达41米的泥沙层，站在江底岩层上才算成功。茅以升针对钱塘江的特殊水文地质状况，专门设计了打桩船的打桩部分交船厂赶制。

天有不测风云，特制的打桩船刚驶进杭州湾，就遭遇狂风巨浪，触礁沉没。茅以升亲自督工，赶制第二艘。

在茫茫江面上，要把木桩准确打进江心预定位置，谈何容易！加之江心泥沙层其硬如铁，所以打桩极为困难。按计划总共要打1440根桩，而初期，一天辛劳只能打下一根。沉了一条船，工程又进展迟缓，社会上闲言碎语就多了起来；中外银行因担心贷款能否收回而表示不满；上层也给曾养甫施加压力，曾养甫找到茅以升，声色俱厉地说："桥不成功，你得跳钱塘江，我跟你后头跳！"茅以升的母亲是个很有胆识的人，她听说儿子受到各种压力，风尘仆仆赶到杭州，亲自主持家政，以解儿子后顾之忧。她对茅以升说："唐僧取经，九九八十一难；唐臣（茅以升的字）造桥，也要经八十一难。只要有孙悟空，有那如意金箍棒，就一定能渡过难关！"

茅以升心领神会。

很快，他特制了江上测量仪器，解决了木桩定位问题。他以水治沙，用高压水枪冲开江底坚硬的泥沙层，打桩困难迎刃而解，一昼夜打了 30 根。闯过打桩难关后，茅以升又采用"沉箱法"，攻克了在水流湍急的水下施工的难关；采用"浮运法"，利用江潮涨落巧妙地把几百吨重的巨大钢梁运到江心并准确安装在桥墩上。由于综合了全体工程技术人员的智慧，80 多个重大难题先后被一一攻克。

1937 年 7 月 7 日，抗日战争爆发，而这正是工程最紧张的阶段。日本空军把大桥作为重要战略目标，多次狂轰滥炸。茅以升冒着生命危险，坚守岗位。

1937 年 9 月 26 日，钱塘江大桥铁路桥在国家危难关头提前通车，及时缓解了战时交通的燃眉之急，为支援上海保卫战作出了巨大贡献。其后又在很短时间里从沪杭线调入机车 300 多台、客货车 2000 多辆，数以千万元计的物资抢运过江，单从经济价值讲，就超出了建桥投资的数十倍。

公路桥刚竣工后的一个多月里，浙江省政府考虑到防空问题而不敢开通。看到上海战争爆发后每天乘船渡江的难民逾数万人，省政府遂决定立即开放公路桥。1937 年 11 月 17 日，公路桥正式开通。这天，从早到晚，大桥上始终水泄不通，见证了钱塘江上最大规模的一次南渡。很多杭州人特意在桥上来回走，尝到了"两脚跨过钱塘江"的滋味。

然而，几十万过桥的人谁也不知道，他们脚下的大桥已经装埋了数以吨计的炸药！

一天下午，一位神秘的不速之客突然来找茅以升。他是南京工兵学院的爆破专家，奉命率部来执行炸毁钱塘江大桥的任务。

茅以升看了对方出示的密令后，心痛欲裂。作为桥梁专家，他对军事失利时大桥必须炸毁的前景早已明了，而且在建造时早就在关键部位预留下装埋炸药的洞穴。

深明大义的茅以升沉重地点了头："造桥是爱国，炸桥也是爱国！"

但他坚持一条：不到日寇逼近，不准起爆。他亲自指导将炸药、引线、雷管全部装埋到位。过桥列车一律不准在过桥时加煤添火，以防落下明火导致不测；并严加保密，避免引起过桥群众的惊恐。

1937年12月23日下午5时许，日寇骑兵先头部队已到达北岸桥头。此时，随着一声轰然巨响，浓烟冲天，大桥被炸断。

1945年抗战胜利后，茅以升首先想到的就是尽快修复钱塘江大桥。当时，从重庆飞回南京上海的机票极为紧缺，他搞到一张机票后，立即起飞。在南京上海杭州三个城市奔波往返，筹划班子，筹组经费，短时间内修复了因抗战而被炸毁的钱塘江大桥。

到1975年为止，在他的指导下，屡经战争创伤的钱塘江大桥多次被维修保护。他把精心保存了40年的钱塘江大桥资料也全部献给国家。

此后，考虑到进入老年期的大桥已无法承受日益繁重的运输量，茅以升多次向国务院提出尽快修建第二座钱塘江大桥，并提出详尽的建桥计划，促成了钱塘江二桥的建成。

建造的不仅仅是有形的大桥

20世纪30年代以来，我国的大型桥梁建设无不留下了茅以升的智慧和汗水，而他考虑更多的是如何培育更多的高素质建桥人才，带出一支我国自己的建桥人才队伍。在他主持设计建造钱塘江大桥期间，他深入现场，言传身教，带出了一支成熟的建桥队伍。

抗战初期，唐山交通大学校园被日寇侵占，师生分散各地。茅以升在尚无任命的情况下，在各大报纸刊登《茅以升博士招生启事》。各地师生见报后奔走相告，迅速聚拢在他的身边。

随着日寇的步步入侵，茅以升不得不率领全校师生一次次内迁。由武汉到湘潭，至湘乡，越过云贵群岭，抵达山区小县平越。每到一处，立即借房上课。经桂林时，敌机狂轰滥炸，不少学生行李付之一炬，茅以升让家属挤在一起，抽出离杭州前已受损失的自家行李，送给学生以避风寒。在平越建校时，他把借到的好房子先给教授和学生住，自己一家三代蜗居旧屋；反动军警要来抓进步学生，他以在铁道部门的威望，调来铁路警察，日夜守在校门，不准外人入校。

抗战时期，很多有志报国的桥梁工程技术人员报国无门、谋生乏路，茅以升为此心忧如焚，经多方努力，于1943年创建中国桥梁公司。他亲任总经理，一方面主持工程设计，培养骨干；一方面顶住责难，派人经商，收入用于贴补骨干们的生活费用，为祖国保存和培训了一大批桥梁工程精英。中华人民共和国成立后，由他培育的科技骨干成为祖国建设大型桥梁的中坚。仅国内而言，他直接或间接培养的栋梁之才就有武汉长江大桥总工程师汪菊潜、南京长江大桥总工程师梅旸春、副总工程师刘曾达、郑州黄河大桥总工程师赵燧章、铁道部大桥局总工程师王序森、世界跨度最长的云南长虹石拱桥总工程师赵守恒、南昌赣江大桥总工程师戴尔宾等。

茅以升还有许多学生在海外为中华民族增光添彩。他任唐山交大校长时的高足林同炎出国后屡建奇勋。美国土木工程学会原设"予应力奖"，因他而改名"林同炎奖"，这是美国唯一的一项以中国人名字命名的科技大奖。

在茅以升九十寿筵上的友人贺诗中，有"雄跨长江与大川，半出公门桃李间"之句，当为如实评价。茅以升的一生，为祖国建造了许许多多有形的和无形的大桥。他虽已溘然长逝，但他建造的座座桥梁，犹如道道彩虹，永留人间。

赤子之心　情系山河：追忆先师张光斗先生

王光纶

海外赤子　归国报效

我很幸运，从 1963 年清华毕业后不久就跟随张光斗先生工作。在近 50 年的伴随中，先生教育我如何做人、如何做学问，言传身教令我受益匪浅。记得先生经常对我说，"做人"首先要做到的就是"爱国"，要热爱辛勤养育自己的老百姓。先生在这方面身体力行，确实是我们学习的楷模。

先生 1934 年自上海交通大学毕业后即考取了清华公费留美生，先后在美国伯克利加州大学和哈佛大学获得了水利和工程力学两个硕士学位，随后又顺利获得了在哈佛攻读博士学位的奖学金。在美国求学期间，先生亲身感受到因祖国积贫积弱而遭受的种种歧视：去租房，房东不给租，因为是中国人；去理发，铺子不给理，因为是中国人；去饭店吃饭，不让进，因为是中国人……直至晚年，先生对此仍然记忆犹新。

与此同时，先生在胡佛水坝（Hoover Dam）、加州南部圣华金河谷（San Joaquin Valley, CA）灌溉工程等处的实习考察中也深切体会到科技兴国、水利报国的重大意义。这些经历从不同方面激励了先生发奋学习、报效祖国的决心和抱负。正如他在写给时任清华大学校长梅贻琦的汇报信中所言："……美人对国人颇轻视……生只能忍受，自加勉励，埋头求学以备翌日为国家尽力……"

赴美求学期间，先生一直通过各种渠道关注着祖国。当看到关于红军二万五千里长征胜利的报道时，当时还不懂马克思主义的他，就认为这是世界上的一件大事，将会改变未来世界的格局，并觉得共产党的很多主张是对的，希望国共合作，联合抗日。他还曾应在国内的交大挚友顾德欢的要求寄去美金，资助他们筹办进步刊物。1937 年"七七事变"爆发后，他和海外学子们热血沸腾，高呼抗日，每日聚坐，谈论战局。与此同时，先生也下定决心，放弃攻读博士，归国报效。当时有许多人，包括先生的导师韦斯特加德（H. M. Westergaard）教授在内，都劝他继续留美完成学业，但先生的想法单纯而坚定："如果我国战败，我们在美学习毫无用处，现在应是报国的时候了！"先生的赤子之心感动了之前劝留他的人，韦斯特加德教授还特意给张光斗回复了一封热情洋溢的信，说敬重并理解他的爱国心，并且表示哈佛大学的门将永远为他敞开，任何时候想来都欢迎。

1937 年 7 月，先生与雷祚雯等三位同学一起乘坐格兰脱将军号轮船回国，此后辗转香港、长沙、南昌、南京、九江、汉口，经过整整四个月的颠沛磨难后，终于在同年 11 月抵达重庆，开始了他魂牵梦绕的水利报国事业。

回国后，张先生首先在四川龙溪河水力发电工程处任职水电工程师，他和老朋友张昌龄等一批同样怀抱报国理想的年轻人一道，先后设计了桃花溪、下清渊硐、仙女硐等中国人设计和建造的第一批小型水电站，为抗战大后方的兵工厂雪中送炭，实践了自己"实业抗日救国"的愿望。

1947 年年底，美国联邦能源委员会来华工作的柯登总工程师即将回国，他劝张先生举家迁美，并答应代办签证、工作等一切事宜，同时承诺在美合办公司等优厚条件，但被先生婉拒。他说："我是中国人，是中国人民养育和培养了我，我不能离开我的祖国，我有责任为祖国建设、为人民效力。"

张光斗与夫人钱玫荫早年合照

献身祖国水利事业　付出巨大家庭牺牲

张先生教育我"做人"，使我感受深刻的另外一点就是无私奉献。60 多年来，张先生几乎把自己的全部心血都奉献给了造福祖国和人民的水利水电事业，并为此付出了巨大的家庭牺牲。

1939 年 10 月，他与从上海追随他而至的钱玫荫钱师母在龙溪河简陋的水利工地上举行了朴素的婚礼。师母怀孕后，为躲避日机轰炸，只能住在防空洞中。中间由于工程紧张，先生不得不赶回工地处理工作。不料偏偏就在这个节骨眼上，师母分娩了，而且还是难产，很快她因血压高而昏迷，助产妇没有经验导致女婴出生后窒息，还没来得及睁开眼睛看看爸爸妈妈，宝宝就离开了人世。先生为此十分难过内疚，深感对不起妻子和孩子，直到晚年仍难以释怀。

先生和师母一生伉俪情深，可是为了祖国的水利事业，夫妻总是聚少离多，只能以鸿雁传书来寄托相思之情。1943 年，先生受委派准备赴美国学习大型工程建设，而此时师母恰恰又有孕在身。可是无论怎样依依不舍，为了事业国家，先生还是只能忍心与她暂别。离家赴美后，先生几乎每天都写信给妻子，倾诉思念之情及旅途情况。对于先生的念妻之情，还有一个很好的佐证，那就是 1988 年美国中文报纸《世界日报》曾转载过一篇《孙运璇的实习日记》（孙运璇后曾任台湾行政院院长——作者注），文中写到 1943 年 3 月孙运璇与张光斗结伴赴美期间，在其日记中曾这样描写当时的情景："多时不能入眠，光斗兄伉俪之情甚笃，我则思念伯师，衷曲莫诉，二人同室，辗转反侧，可笑亦复可怜也。"足见先生思念妻子之心情。

先生的第二个孩子是他心头永远的痛。当孩子于 1943 年 10 月出生时，先生尚在美国。当他收到师母来信，告知生了一个儿子，母子都平安时，欣喜之余的歉疚无疑又增加了一分，这样的时刻，自己又一次没能在身边亲自体贴照顾。先生只能以每天写信的方式安慰师母，并寄去鱼肝油丸，作为给孩子的滋补。分别两年后，先生和家人终于团圆，此时他们的儿子已一岁半了。父子第一次见面，先生兴奋地抱起儿子想好好地亲热一下，但孩子认生不让没见过面的爸爸抱，嚎啕大哭，转身投入妈妈的怀抱，张先生只好苦笑。那天晚上儿子大哭大闹不让父亲进房门，先生无奈只得在街上溜达，直等到儿子入睡才回到家里。是啊，一岁半的孩子哪里懂得父亲为了国家建设需要所付出的个人牺牲。先生和师母为儿子取名元正，意思是要为人正直，乳名华华，就是爱我中华的意思。

年近九旬的张光斗亲自检查三峡工地

1979 年夏，先生这个唯一的儿子在北京突然病逝，年仅 37 岁。当时我正陪先生在葛洲坝工地审查设计，怕这突如其来的噩耗对先生打击太大，在回京的路途上出问题，不得不对他谎称是学校要他立即回京参加重要会议。到家后，当得知儿子已经过世，他两眼直瞪瞪地看着泪流满面、悲痛欲绝的老伴，一言不发地呆坐在那里。可以想象，白发人送黑发人，对一位年近 70 岁的老人来说是何等的残酷！儿子去世后，先生从他的抽屉里发现了一摞医院开出的全休假条，儿子为了自己所钟爱的航天事业，也和他一样在忘我、拼命地工作，没有休息！看着这些假条，想到今后再也不能见到他了，先生的心在滴血。在追悼会上，先生执意要与儿子再见上最后一面。当他被几个人搀扶着来到儿子遗体前时，先生身体抽搐、欲哭无泪，几乎瘫软在那里，在场的人看到此情景无不为之动容。可即便是在这样极端悲痛的情况下，为了对时不我待的工程设计负责，追悼会刚一结束，先生硬是熬了两天时间写出了一份上万言的"葛洲坝工程设计审查意见书"，并让我立即送交给水利部和长江委设计单位。这份饱含丧子之痛写成的意见书，怎能不说浸透着先生对祖国无限忠诚、对事业无私奉献的滴滴心血！

误差"零容忍"　一切对人民负责

1939 年下半年，由张先生作为设计校核人签发的桃花溪水电站建成发电，不料通水后立即发生了工程事故。检查事故原因，是由于地质工程师绘图出现差错所致。这件事给了先生一个终生难忘的极大教训，那就是设计者必须到现场亲自了解地形地质条件，不能光看图纸、听汇报，要掌握第一手资料。

从此以后，先生给自己立下了一个"死规矩"，凡是设计一座水利工程或者要对一个工程问题作出判断，必须亲自到现场核查地形地质条件，掌握第一手资料。

20 世纪 80 年代在葛洲坝工地，为了检查二江泄水闸护坦表面混凝土过水后的情况，他坚持乘坐"沉箱"潜入水下亲自查看。驾驶沉箱的工人师傅说，从来没见过这么大岁数的老人还敢坐沉箱潜到水底下来工作。90 年代，作为国务院派出的三峡枢纽工程质量检查专家组的副组长，有一次在三峡工地检查，为了掌握第一手材料，他坚持从基坑顺着脚手架爬到 55 米高程的底孔，检查混凝土表面的平整度。当他用手摸到表面仍有钢筋露头等凹凸不平的麻面时，当即要求施工单位一定要按照设计标准返工修复。对于一位已近九旬的老人来说，爬几十米高的脚手架，其难度可想而知。张先生个性好强，在脚手架上还不让人搀扶，坚持自己走。我知道他当时已经精疲力竭了，因为他不时碰到我身上的双手已是冰凉，艰难迈出的两腿也已在微微发颤。在由底孔向下返回的爬梯台阶上，为了怕他腿软撑不住，滑下去，我只好特意在他前面慢慢走，挡着他。即使如此，他仍然还是坚持查看了两个底孔。回来后，先生对质量检查专家组组长钱正英说："我实在是爬不动了，要是还有力气能爬，我一定再去多检查几个底孔。"三峡参建者们听到先生的事后莫不为之动容。时任三峡总公司总经理的陆佑楣院士，在谈及此事时，甚至情不自禁地流下了眼泪，他哽咽动情地说："老先生为了三峡工程如此尽心，我们这些在第一线工作的人员怎么能不把三峡工程做好呢！"

除去亲临现场外，对一般送给他审查的设计报告，先生也都认真阅读，手持放大镜逐行逐字地斟酌，并提出自己的书面意见。90多岁的老人仍然坚持自己动手用计算机打字写意见书，有时因视力弱，看不清汉字输入列出的同音字字形，硬是凭记忆选择数码标示符。先生曾说："我是为人民工作的，我要对老百姓负责。"的确，先生用自己的实际行动忠实地履行了他对人民百姓的承诺，也深深教育了我们这些后人！

水润万物　桃李天下

张先生作为教师，在治学方面也为我们树立了良好的榜样。从1949年先生到清华大学任教算起，60余载岁月里，他始终坚持把教学放在第一位，注重人才培养。先生一生淡泊名利，对个人荣辱从不放在心上，但对学生却呕心沥血，唯恐有失。先生的治学态度十分严谨，即使工作再忙，认真备课这一环节也总是"雷打不动"，每堂课前总要编写工工整整的教案，课上还总要介绍几个生动有趣的工程实例。先生特立独行的思维和开阔的思路令学生着迷，终生难忘。即使到了古稀之年，先生仍倡导给研究生开设"高等水工"新课程，并亲自编写讲义，亲自登台授课。

"做一个好的工程师，一定要先做人。正直，爱国，为人民做事。"这是先生对学生们说的最动感情的一句话，而这已成为他几代学生的座右铭。

"一条残留的钢筋头会毁掉整条泄洪道"，这句话先生讲了几十年，理论与工程实践相结合是他教育理念的灵魂。学生们的论文，如果没有经过实验论证或工程实践检验，他会立刻退回。他说，在水利工程上，绝不能单纯依赖计算机算出来的结果，水是流动而变化的，即使你已经设计了 100 座大坝，第 101 座对于你依然是一个"零"。

晚年的张光斗走在清华园内

学生们回答问题，若只是按照书本一五一十地回答，他顶多给 3 分；如果有自己的见解和分析，即便尚显幼稚，他也一定给 5 分。他说，在工程技术领域，如果没有创新，永远只能跟在别人的后面爬行。甚至连学生的日常小事也让先生操心不已。每当看到哪个学生用完水后龙头没关好，他就会跑过去，边关水龙头边大声提醒："你们这些小年轻的，早晚有一天会尝到没水喝的滋味！"

聆听过先生教诲的学生，其中很多人现已成为中国水利水电事业的栋梁之才，其中包括 16 位两院院士、5 名国家级设计大师，以及为数众多的高级工程师、教授。虽然他们都已功成名就，但每当聚在一起谈及当年聆听先生讲课的情景，仍然津津乐道，如沐春风。2002 年 5 月 1 日，先生遍布全国各地的学生们，汇集了一本 50 多万字的关于先生的论文集，取名《江河颂》，献给恩师。

教学之余，先生还牵挂忧心中国的教育。仅 1996 年到 2000 年，他写下的有关中国教育方面思考与建议的书信文章就多达 30 余篇，要知道，这可是一个耄耋老人忍着青光眼、白内障、手颤等病痛不便，每天伏身电脑前，一手拿放大镜，一手敲键盘完成的，这需要怎样的毅力！

正如时任国家主席胡锦涛同志于 2007 年 4 月在张先生 95 岁华诞贺信中所说："70 年来，先生一直胸怀祖国，热爱人民，情系山河，为我国的江河治理和水资源的开发利用栉风沐雨、殚精竭虑，建立了卓越功绩。先生的品德风范山高水长，令人景仰！"胡锦涛同志对张先生的上述评价十分精辟，概括了先生品德的精髓，也是对以张先生为代表的老一代知识分子高尚品德的充分肯定。我们会继续沿着张先生的足迹前进，继承和发扬老一辈知识分子爱国、奉献、求真、敬业的精神，为把我国早日建设成为社会主义现代化强国，积极贡献自己的一份力量。

林学家干铎教授的一生

—————

王干成

原南京林学院副院长、全国政协委员、"九三学社"中央委员、著名林学教授干铎同志，离开我们已 20 多年了。我们这些学生、后辈，每每想起他树人树木的一生，他的音容笑貌，便宛然重现眼前……

献身于祖国的林学事业

干铎教授 1903 年出生于湖北省广济县的一个"书香门第"，早年考入北京大学攻读德语，在"五四"提倡"民主"与"科学"的鼓舞下，抱着"实业救国"的愿望，决心改学森林专业，考上公费留日生，在东京帝国大学攻读林学科。他本想埋头追求科学知识，在帝国大学毕业后，又留在日本从事试验工作，以求深造。可是，旧中国先是封建军阀割据，后是国民党蒋介石、汪精卫等人相继背叛"大革命"，日本帝国主义者侵略中国，得寸进尺，激起当时在日本的中国留学生们的爱国反日浪潮。1929 年夏天，中国留学生在东京银座举行反侵略的示威活动时，许多留学生竟遭东京警视厅的拘留，干铎联络其他进步同学前往营救，亦遭拘留一月有余。1931 年"九·一八"事变之后，干铎再也不能埋头研究科学了，遂毅然放弃深造，回到祖国的怀抱。

回国后，干铎被分配到湖北省建设厅任"技正"（相当现在的高级工程师）。他虽然担任了技术工作，但衙门里的"上下应酬"，使他唯恐消磨掉自己"实业救国"的壮志，于是他决心辞去技正职务，离开大城市的舒适生活，脚穿草鞋，身背雨伞，来到了鄂北襄阳林场。当他撕下"欢迎场长"的标语时，人们还不相信他就是被欢迎的场长。

旧中国的林业工人生活十分艰苦，干铎来到林场后与工人们同劳动、共甘苦。他常以自己微薄的薪水，接济穷困工人；工人有病，他还亲自用"滑杆"护送到医院抢救治疗。因此，在工作和劳动中他得到了工人们的合作、帮助。经过数年奋力经营，襄阳林场面貌大为改观。随后，他又筹建了鄂西北郧县、均县、谷城等五个县的林场，并担任了省农业改进所林业主任一职。

抗日战争开始后，国民党军队节节败退，上海、南京相继失守。在襄阳沦陷前夕，林场被迫解散。干铎遂转到鄂西恩施（抗战时期湖北省临时省府所在地）省立农业专科学校（后改为农学院）教森林学。他以满腔热忱将自己的学识与实践中所得的经验，倾注给学生们。当时，干铎关心时局，探索真理，如饥似渴地阅读进步书籍，并将进步思想与理论传播给学校的师生，受到大家的欢迎，也因此触怒了国民党当局。学校训导长和一些"骨干"常去他家里进行监视，不许他与进步师生接触。就连当时国民党的湖北省主席陈诚亦恐吓威胁说"要抓干铎"。这些严峻的社会现实，更加坚定了他追求真理、走向进步的信念。

1941 年，由著名的林学家梁希教授推荐，干铎应聘为重庆国立中央大学森林系教授。他在"中大"执教时，广泛参阅英、美、德、日等世界各国林业书刊，结合多年在林场的实践经验，编写出讲授大纲。除在课堂讲授之外，他还特别重视山林野外的实习作业。每年寒暑假期，干铎都亲自带领学生进山实习，几年之间，几乎走遍了四川的峨眉山、缙云山和金佛山的深山丛林。干铎白天在野外作业，夜晚就在油灯下指导学生进行树干分析和材积计算，遇有伐木截取标本试件，他都亲自动手示范。干铎教授为树木先树人，呕心沥血的精神，给学生们留下了难忘的印象。

追求真理的战士

抗战进入相持阶段后，国民党顽固派实行独裁，摧残共产党人，压制民主人士。周恩来同志作为中共中央驻重庆的代表，广为团结进步人士，号召民众"坚持抗战，反对投降；坚持团结，反对分裂；坚持进步，反对倒退"，发展民主力量。干铎多年积压在心中的苦闷，在积极投身民主革命的斗争中化解开来。由于周恩来同志的关怀，他秘密参加了共产党领导下的组织——"中国民主革命同盟"（简称"小民革"），与梁希、潘菽、金善宝、涂长望、谢立惠等进步教授，每周秘密集会，学习革命书籍，探求真理。后来该组织定名为"自然科学座谈会"，接受《新华日报》社社长潘梓年同志（潘菽教授的大哥）的指导，在学习中团结了更多的知识分子。以后又与共产党领导下的"学术研究会"中的"自然科学组"联合发起组成"中国科学工作者协会"，并通过李约瑟先生与国际进步科学组织"世界科学工作者协会"建立了联系。1945年7月1日，"中国科协"召开了第一次理事、监事会，选举竺可桢为理事长，李四光为监事长，潘菽、梁希为理事，涂长望为干事长，干铎、谢立惠为干事。干铎教授为"中国科协"的各项活动，多方联络奔走，作出了自己的贡献。

由于干铎长期积极参加民主革命活动，赢得了家乡人民的尊敬和信赖。1945 年，活动在家乡湖北蕲（春）黄（梅）广（济）三县的抗日游击大队，由于受到日伪军"清乡""围剿"，又受到国民党顽固派军队的截击、围困，与李先念同志率领的新四军第五师主力失去联系。游击大队长干鹄同志派人越过敌占区，到重庆找到干铎教授。干铎教授冒着极大危险，绕过国民党特务的监视，将来人引荐给周恩来同志，使家乡共产党领导的抗日游击队能够和新四军五师的领导机关取得联系，保存了一支人民的抗日力量。

抗战胜利前夕，许德珩教授为团结高级知识分子，召集"民主与科学座谈会"，干铎和"自然科学座谈会"主要成员也陆续参加了这一活动。日本投降后，各大学纷纷自陪都重庆迁回南京、上海。干铎和许德珩、梁希、潘菽等共同倡议，发起组织"九三学社"，团结进步教授、高级知识分子，进行"争取民主，反对内战"的活动。不久，该组织被国民党反动当局强行取缔。干铎与梁希、潘菽、金善宝、涂长望等教授遂转入秘密活动，或传阅共产党的报刊，或互传解放战争胜利消息，或开小型秘密座谈会。1947 年 5 月 20 日，宁、沪、苏、杭 16 所大专院校6000 余名师生联合举行"反饥饿""反内战""反迫害""求生存""争民主"的游行请愿；1948 年 9 月 1 日，南京中大、政大、金大、金女大、药专、剧专等大专院校师生，团结全市万余人，上街游行，"要求真和平，反对假和平"，"要求国民党政府接受中共提出的八项和平条件"，师生均遭国民党派出的宪兵、军人、警察用木棍、高压水龙头的疯狂镇压。在几次游行示威中，干铎同其他进步教授一起，威武不屈，大义凛然，积极支持学生们的革命行动。

随着共产党领导的解放战争在全国取得战略大反攻的胜利，1948 年5 月 1 日，中共中央发布纪念"五一"国际劳动节口号，提出各民主党派、各人民团体、各社会贤达迅速召开没有反动分子参加的新政治协商会议，成立民主联合政府；北平和平解放之后，中共中央邀请梁希、潘菽、涂长望等到北平参加全国新政治协商会议筹备会，由干铎教授负责联络。他派夫人和儿子干东英（地下团员）去上海，联系外滩烟草公司吴觉农（"小民革"负责人之一），妥善安排三位教授于当年4月8日秘密离开南京，先到上海乘吴觉农安排的小船，又转乘荷兰籍海轮到香港。而后，由潘汉年同志安排"货轮"（秘密交通船）将他们送往天津，终于4月24日安全抵达北平。三位教授按时参加了新政协的筹备会议。

1948年年底至1949年年初，南京国民党反动派纷纷逃往台湾，中央大学代校长周鸿经卷款潜逃，中大处于风雨飘摇之中。在这关键时刻，梁希、金善宝和干铎等，发起"农学院教授座谈会"，并组成校务维持委员会，公开提出护校、反搬迁的主张，并号召大家储备粮食，准备斗争。干铎、金善宝等教授和"中大"全校师生一起进行护校斗争，一直坚持到4月23日迎接人民解放军解放南京。

生命的最后一息

1949年5月1日，干铎教授光荣地加入了中国共产党。他从1938年起到1961年，为森林系先后在学校开出森林学、森林经理学、森林计算学、测树学、森林经营规划等课程。干铎还发表过《水杉的树干解析》《对综合测高器的改进意见》等论文；主编《辞海》林学方面各个条目，及《中国林业技术史料初步研究》《森林经营规划学》等书；并著有《中国林业遗产》一书。这是干铎教授为森林学领域所留下的宝贵遗产。

干铎在林业科技方面最富有开拓性贡献的，是关于水杉的发现和利用。这个新树种，是干铎在 1941 年路过川鄂交界处磨刀（谋道）溪时首先发现的。随后王战先生等多次采集此树标本，最后由郑万钧和胡先渊两教授鉴定定名。地质学家认为，这一新树种可能是第四纪冰川浩劫中孑遗植物的子孙后代。水杉的发现，为古生物、古地质地理学和地球发展史的研究，提供了新的内容，当时在国内外学术界引起了轰动。中华人民共和国成立后，有 11 个省（区）引种了水杉，并用于绿化和成片造林，现在已发展到几十亿株，在淮河、秦岭以南，南岭以北广大地区，普遍生长良好。在国外，有 50 多个国家也引种了这一"活化石"。

1961 年夏天，干铎趁去黄山度假之便，想对黄山上的森林树木做些考察。万万没有想到，就在黄山的"好好峰"脚下，干铎教授因心脏病突发，与世长辞了。

植物学家蔡希陶：一个人和两棵树的故事

张昆华

————

位于黑龙潭畔的中国科学院昆明植物研究所植物园内，一棵水杉树的树脚前竖立着一座巨大的花岗岩，岩面镶嵌着一块青云色的大理石碑，碑上镌刻着："1911—1981 蔡希陶教授纪念碑"。

1981 年 3 月 9 日傍晚，植物学家蔡希陶停止了呼吸。再过三天，就是他 70 岁诞辰的日子！

蔡希陶于 1938 年 2 月到达昆明，以北平静生生物调查所的名义建立工作站，不久由他领导的云南农林植物研究所正式成立。因经费无着，生活困难，蔡希陶就约几个朋友集资开办小农场，靠种菜养花到城里出售来维持生活。一次，他听说美国的一个科学研究机构想购买一批云南的山茶花，便与冯国楣等同事东奔西跑收购了一些茶花航邮寄了去，想不到事后却收到从美国汇来的 900 美元。这在当时可是一笔大款了。蔡希陶没有用它添置生活用品，却买下 100 多亩土地扩大了农林所的科研种植基地。此后，云南农林研究所改为中国科学院昆明植物研究所，蔡希陶任所长。研究所逐步发展壮大，无论是生产实践与科学实验都处于领先地位，还培养了不少植物科研的栋梁人才。1958 年蔡希陶离开他创办了 20 年的中国科学院昆明植物研究所，远赴西双版纳，在荒凉的小勐仑葫芦岛上创办了中国科学院小勐仑热带植物研究所，亲任所长。几十年来，蔡希陶出入于高山峡谷、茫茫林海，生前默默地倾心于植物研究，去世之后默默地与绿树为伴。

1981 年 3 月 21 日，在蔡希陶逝世后的第 12 天，遵照他生前的愿望，请来自 1931 年起就从四川宜宾金沙江边跟随蔡希陶 50 年的老工人邱炳云，用蔡希陶生前种过地的锄头，在昆明植物研究所植物园里的这棵由蔡希陶亲自从湖北移植而来的水杉树下，掘开了红色泥土的表层，把蔡希陶的一半骨灰，播撒在水杉树的根系上……

蔡希陶的一生，在植物分类学、植物资源学研究领域的贡献是重要而巨大的；在植物花卉比如橡胶、美登木、油瓜以及云南多种名花的开发利用上也有卓越的成就和辉煌的贡献。但他为什么特别珍爱水杉树呢？这是因为植物学教科书上曾经写到：几十万年前的北半球北部降临冰川，水杉类植物从此灭绝了。人们只能从中生代下白垩地层中采掘到它的化石。可是在 20 世纪 40 年代初期，我国植物学家却在湖北利川县找到了水杉活立木。并非化石复活，而是水杉依旧。这棵水杉树就是当时蔡希陶从发现地移来种植的。我最难忘的是蔡希陶曾经站在这棵树下，用双手抚摸着树身对我说过：水杉树活立木的发现，其意义不仅在于推翻了古今中外植物学上的某种定论，改写了历史，更在于表明植物的生命是多么的坚强，无论多么沉重的灾难都无法灭绝它们。可能它们会倒下，会暂时死去，但几十年后、几百年后，它们也许又会逐渐苏醒，恢复生命，重新站立起来，在地球上保持着它们物种的存在和尊严。

在蔡希陶这位植物学家的心里，植物的生命与人类的生命是同等重要、同等宝贵的；人类与植物应当成为相亲相爱的朋友，在地球这座大家园里相依为命、和谐共处，因而蔡希陶把他的一半骨灰贡献给水杉树，让水杉树继续接受他对植物的热爱之情，以宣告他的生命已经转移到植物的生命线上，并未从此安息。

那么，蔡希陶的另一半骨灰又埋在哪里呢？

要回答这个问题，就要从远在云南边境的孟连讲起了。在孟连娜允古镇傣族土司署宫殿后面的龙山上，有一片生长着龙血树的原始森林。从龙血古树身上采下的红色树脂，就是珍贵的血竭。血竭和用血竭配伍的几十种特效药材的施治运用，在我国传统医药史上始于南北朝时期，自唐代起便有文献记载。《本草纲目》有权威的条目，称血竭为"活血圣药"。但1500多年来，我国用量很大的血竭都要从阿拉伯各国进口，而且外国药学专家也曾说过：中国不可能有生产血竭的资源。可是这个断言却被蔡希陶否定了。在20世纪70年代初期，蔡希陶刚刚从"文革"的浩劫中解脱出来，便带病去深山密林中查访，终于在孟连龙山的这片热带雨林中发现了龙血树。当时他惊喜得抱住树身流出了眼泪。

后来，蔡希陶从孟连龙山上将一株龙血树移植到小勐仑热带植物研究所植物园里。

1973年5月，我在《云南日报》当记者时，来到小勐仑植物研究所植物园采访，蔡希陶用双手抚摸着这株龙血树的树身对我说：这树从孟连移栽时已有上百年的树龄了，但对龙血树来说还只是童年时代。因为它的寿命可长达6000多年啊！

蔡希陶去世后，他的另一半骨灰，就埋在这棵龙血树下！在这棵龙血树前坐落着两尊岩石，右边的岩石上同样镌刻着"1911—1981蔡希陶教授纪念碑"。这个史实只有当年的当事者知道。根据蔡希陶生前的遗嘱，当时只有少数亲属朋友来完成他这特殊的简朴而隆重的葬礼。有人记得，在掩埋蔡希陶这另一半骨灰的时候，龙血树的树身上沁出一滴滴红色树脂，犹如悲痛的血泪；龙血树那低垂着的长长的叶片，在风中摇荡着，仿佛是一面绿色的祭旗。

如今，这棵龙血树长得更加高大，枝繁叶茂，生机勃勃。每到西双版纳傣历新年，傣家人在欢度盛大的泼水节时，常常要敲打着象脚鼓和芒锣来到龙血树跟前，他们用红绿黄蓝等各种颜色的塑料小桶从水池里提起一桶桶清水，一齐向龙血树、纪念碑石和掩埋着蔡希陶骨灰的这片黑色的土地泼起水来，表示怀念。傣族乡亲们说：蔡希陶老波涛（傣语：大爹），1958 年到这座荒岛上建起植物园以来，在研究植物、保护自然、发展生产、参观旅游等方面给傣家人带来的好处是多多的呢！给蔡老波涛最喜欢的龙血树泼水，也是对他表示衷心的感谢呢！

在傣家人泼出祝福水的同时，用棕叶扇遮住半边脸的老赞哈（傣族歌手）在龙血树前深情地唱道：

> 蔡老波涛啊，
> 龙血树生长在你的心上，
> 你也活在龙血树的绿叶子上……

相信此时远在昆明黑龙潭畔的昆明植物园里的那棵水杉树，也一定听见西双版纳小勐仑植物园里傣家人的歌声了。因为这两棵树并不是蔡希陶的坟墓，而是蔡希陶的化身；它俩虽然相距很远，但却亲如一人，同属一个生命！

钟惠澜：让瘟疫远离人类

王　鹏

　　1987 年 2 月 6 日，人们还沉浸在春节过后的余欢之中，一位曾救治过成千上万危重患者、对人类医学事业多次作出重大贡献的杰出医学家却悄然离开了人世。20 世纪 20 年代，他获得美国医学博士学位；30 年代，他成为英国皇家学会会员；50 年代，他被苏联科学院聘为院士；80 年代，他接受了美国热带医学会名誉会员的称号，并成为获得这一荣誉称号的第一位亚洲学者。他就是我国热带医学研究的奠基人之一、中国科学院学部委员、全国政协二至六届常委钟惠澜。

从童工到医学博士

　　1901 年 8 月 8 日，钟惠澜出生在葡属东帝汶的叻利岛上。他父亲原为广东梅县的贫苦农民，后卖身到南洋，成了做苦工的"猪仔"，终于有一天，从主人皮鞭下赎回自由，随后筹款做小买卖。不久，这个吃苦耐劳的汉子能量耗尽，离开人世。钟惠澜的母亲是个不识字的普通劳动妇女，由于丈夫的亡故，家里一度债台高筑。11 岁的钟惠澜只身来到香港，在一个小客栈里当了童工。白天他到码头"抢"客人，并侍候住店客人的饮食起居，打扫卫生，代买香烟及倒大小便；晚上还要打够全客栈第二天的用水才能休息。后来他到东帝汶海关找到一份新的工作——跑码头领货。这活儿很累，晚上却只能蜷曲在柜台上睡觉。熟睡中，他常常从柜台上摔下来。

1914 年，13 岁的钟惠澜在东帝汶一所五年制两等小学（分设高小、初小）开始接受启蒙教育。钟惠澜的大哥钟兆澜曾是东帝汶兴东会国民党支部的负责人。在大哥的影响下，钟惠澜于 1917 年回到内地，考入家乡的广益中学。

广益中学是一所教会学校，学的是洋课本，讲课用英语。1918 年春天，钟惠澜作为广益中学的学生代表，赴天津参加基督教会的全国会议。会议期间，他有机会来到北京，第一次见到正在施建中的协和医学院。那中西合璧的建筑艺术和宏伟壮观的建筑规模，使他惊叹不已。他暗想，将来一定要来这里读书，并第一次产生要当医生的朦胧意识。

钟惠澜的中学生活很艰苦，教会学校可以免交学费，但生活费仍须自理，因此只有靠半工半读来维持温饱。白天没课，他就在实验室里做实验准备，擦洗试管，为老师当助手。晚上他到图书馆里的当服务员，每天都要等读者散尽，整理好图书，打扫完卫生最后一个离开。做这些事几乎占用了他全部课余时间，但他也因此阅读了学校图书馆很多图书，熟悉了各种实验。中学四年的课程，他提前一年完成，并以优异成绩成为全校唯一免费、免考，直接保送到上海沪江大学读书的毕业生。

沪江大学也是一所教会学校。1921 年，钟惠澜进入该校理学院的医学预科班。没过多久，他便感到沪江大学不能满足自己的求知欲望。一年后，他离开沪江大学，决定投考协和医学院。

北上之前，钟惠澜赶回梅县老家小住了几日。没想到在赴京考试的路上，他所乘的船遇到海啸，他被滞留在一个孤岛上。待他赶到北京，考期已过了大半。钟惠澜感到考取已无希望，但他还是来到考场，向主考官申明原因，并表示来年一定前来应试。主考官是协和医学院预科部的沃伦·斯蒂夫勒先生，一个认真、固执而又傲慢的美国物理学家，当他看到穿着难民服、满面尘灰、眼睛里流露出自信与执著神情的钟惠澜时，竟破例同意他参加考试，但条件极为严格，必须于当天下午就开始考试，在不得延长考期的前提下，答完与其他考生一样的所有试卷。钟惠澜未做任何准备就上了考场，一天应付三四个科目的试题，如期答完了每一张试卷。经过艰苦的努力，他终于踏进了协和医学院的大门。他争取到一些勤工俭学的机会，两年后，他完成了预科学习，获得理学学士学位并升入本科，开始了专业深造。

政治腐败、经济文化落后的旧中国，各种瘟疫大面积流行，每年都要吞噬数以百万计的生命。为研究治疗民众最易传染、死亡率又高的疟疾、伤寒、黑热病、鼠疫等恶性流行性传染病，钟惠澜选择了热带医学专业，并在学习期间就开始深入乡村病区进行社会调查。1927 年暑假，他来到广东汕头农村，不顾生活和工作条件的艰苦，对那里流行的疟疾进行流行病学考察。在这一地区，他发现了四种能致疟疾的媒介按蚊，这种微小按蚊的体积只有其他按蚊的一半大，却是最危险的恶性疟疾传染媒介。他撰写的论文《微小按蚊》发表后，引起医学界的瞩目，使这位 26 岁的医学院学生崭露头角。

1929 年秋天，钟惠澜以优异成绩毕业于协和医学院，并获得美国纽约州立大学医学博士学位。之后，他被协和医学院正式录用，从此开始了医学研究生涯。

向西方黑热病权威宣战

新中国成立前，华东、华北、西北等地区的 13 个省份都有黑热病在蔓延流行，患者多为贫苦百姓。有些村庄的发病率高达 2%，每年全国因黑热病而丧生的约有五六十万人。基于黑热病的严重流行和患者的大量死亡，寻求和研究黑热病的早期诊断和治疗方法以及传染流行的各个环节，是防治疾病的关键。毕业不久的钟惠澜首先选择了这个课题。

当时，西方学者认为，地中海地区有两种不同种别的黑热病病原体。一种存在于病犬体内，称为犬梨什曼原虫；一种存在于病儿体内，称为婴儿梨什曼原虫。还有人认为，印度病人和我国病人体内分离出的病原体属于同一种，称为朵氏梨什曼原虫，并认为三种梨什曼原虫分属不同种别，印度黑热病和中国黑热病的蔓延流行与犬黑热病无关。

年轻的钟惠澜不轻信西方学者的论断，在华北城乡做了大量的调查研究，进行了一系列流行病学和临床学的观察。在深入发病率很高的京郊槐房村时，他对患者隔离治疗。他发现患者全部治愈后没过多久，又出现新的黑热病人。他决定扩大研究范围，对黑热病患者的环境进行仔细调查，结果发现凡有黑热病流行的地区，都有黑热病犬。他发现一只黑热病犬一夜间能吸引几百甚至上千只中华白蛉。而吮咬了病犬的白蛉便感染上梨什曼原虫，感染率几乎高达 100%。之后，他又把来自病犬和病人的黑热病病原体在中华白蛉体中的变化发展过程进行了对比，发现它们的形态、感染实验动物所引起的组织病变情况、血清补体结合试验交叉反应的情况等都是一致的，从而得出这样的结论：三种梨什曼原虫（犬、婴儿、朵氏）实际为同一种病原体。

为了证明犬与人的黑热病的一致性，必须进行人体试验。钟惠澜在研究黑热病过程中曾受过感染，体内已产生免疫力。因此，他的夫人李懿征医生自愿接受皮下及皮内注射犬黑热病病原体，在自己身上进行实验。

李懿征是一个贤惠、文弱的女性。作为医生，她最能理解丈夫为事业献身的苦心，也永远是钟惠澜事业和生活中的知音。注射五个月后，李懿征出现了黑热病的典型症状，经胸骨穿刺检查，在骨髓内发现了黑热病病原体。用骨髓接种田鼠，后者也产生了典型黑热病病变和大量黑热病病原体。这完全证明了犬、人、白蛉三者之间黑热病传染环节的关系。这一研究成果，推翻了西方学者的错误论断，在世界上尚属首创，具有重大的理论和实践意义。

在黑热病的早期诊断方面，钟惠澜首先提出骨髓穿刺法，并创造发明了一种新的黑热病补体结合试验粉剂抗原。后者效果极好，可使病人得到早期诊断与治疗，避免发生死亡，在当时被称为"钟氏黑热病补体结合试验"（后称为"黑热病补体结合试验"）。新中国成立后，钟惠澜把自己在黑热病方面的研究成果较系统地整理成《中国黑热病研究工作概论》一文，予以发表，引起国外学者的瞩目。为此，巴西政府于1962年通过我国卫生部和文化部（当时巴西尚未与我国正式建立外交关系）对钟惠澜授予特别奖状和奖章，以表彰他在黑热病科研方面的贡献。

拳拳赤子爱国情

1934年秋，33岁的钟惠澜被协和医学院派到美、英、德、法等十几个国家学习和考察，第一次以科学家的身份走向世界。

法国巴黎大学内的巴斯德研究所是世界上最著名的生物学、微生物学研究所，令钟惠澜大开眼界。在丹麦和意大利，他考察了当地组织培养和防治疟疾的情况。在德国汉堡热带病卫生学院（现为汉堡热带医学院），他专门研究了血吸虫、类原虫及组织培养，并发表了两篇有关组织培养和黑热病的著名论文。在英国，他专攻热带医学，获得英国热带医学、卫生学皇家学会会员的称号。此外，他还到了比利时和荷兰等国家。

钟惠澜是一个爱国的知识分子，虽置身于异国实验室，却时刻关注着多灾多难的祖国。1935 年，当他在德国汉堡热带病卫生学院进修时，得知国民党政府与日本侵略者签订了卖国的《何梅协定》，非常气愤，立即发表抗议声明寄往国内。但是，他的声明没能寄往国内，他本人倒成了德国法西斯通缉捉拿的对象。一位好心的德国同事劝他不要参与政治，他回答说："我不知道什么叫政治，但如果有外国人进到我的国家去捣乱，我是反对的。"并对那位同事说："如果有人侵略德国，我相信你也会反对的。"他对祖国的赤诚之心感动了身边正直的德国知识分子。他们暗中保护他，设法帮他办好一切离境手续，使他得以脱险。他只学习了九个月就不得不中断进修，怀着依依惜别的心情离开了汉堡。1936 年，钟惠澜回到祖国，继续在协和医学院工作。

揭开回归热传染病的秘密

抗日战争爆发后，祖国大地在日军铁蹄的践踏下，饿殍遍野，瘟疫横行。华北地区严重流行着回归热和斑疹伤寒，死亡率相当高。西方学者把回归热看得相当神秘，认为人类得回归热是由病虱吮咬所致，虱子的粪便也能感染人。无论回归热患者还是病虱，在发病期，体内都存在一种螺旋体，在缓解期（无热期）螺旋体变为人看不见的超显微颗粒；热症复发时（回归期），超显微颗粒又变为螺旋体。钟惠澜经过对大量病虱进行解剖，证明病虱的腮腺、唾液和口部并不存在螺旋体，粪便中亦无活的螺旋体，不会感染人。为了证实这一点，他在自己身上养了很多病虱，让它们在 7 天内吮咬自己，结果并未致病。他深入北平穷人集结的"暖场"调查，也证实了这一点。后来，在医科学者冯兰洲的协助下，他首次发现在病虱的体腔内，长期（14～20余天）存在大量螺旋体，当病虱的皮肤或黏膜被擦破时，无数螺旋体便从体腔溢出，有感染力，使人致病。通过研究，他证实了回归热患者无论在发病期和缓解期，体内均存在螺旋体，只是缓解期绝大部分螺旋体被人体形成的免疫力所抗拒。这些研究成果推翻了西方学者的臆见，得到国际医学界的公认，并被写进了各国的医学教科书。由于在回归热方面的重大发现，他被热带医学界知名学者一致推荐为国际科学研究基金会获奖者，只是由于太平洋战争的爆发而使授奖未能进行。

为新中国热带医学研究屡立赫功

新中国成立后，钟惠澜先后担任北京中央人民医院院长、北京友谊医院院长、中华医学会副会长、北京热带医学研究所所长等职。他所从事的医学研究工作受到党和政府的重视与关心，为人民、为医学事业作出了卓越的贡献。

新中国成立不久，美国发动了侵朝战争，并在朝鲜战场上使用细菌战。为了揭露帝国主义的反人道行为，来自英国、瑞典、法国、意大利和中国的科学家组成了国际调查委员会，前往我国东北和北朝鲜境内实地考察。钟惠澜担任了这个调查委员会的专家联络员。同时，他还受党中央委派，出任中央防疫委员会科技研究组副组长，主持国内反细菌战研究室的工作。为掌握第一手资料，他不顾个人安危，深入朝鲜前线开展工作，直至彻底搞清美国侵略者在陶瓷瓶内装入鼠疫杆菌、霍乱弧菌等，用炮弹散播在朝鲜土地上毒害人民的全部事实。当这一调查结果公布后，引起全世界的强烈反响。在北京劳动人民文化宫大殿内，举办了揭露美帝细菌战的展览。展览正式展出前的一天夜里，钟惠澜接到周恩来总理的电话，他马上赶到展览现场。周总理在中宣部部长陆定一和卫生部副部长傅连暲的陪同下，亲自检查了展览，对钟惠澜的工作给予了高度评价。

在此期间，不少中国人民志愿军官兵在对敌艰苦血战而供应困难的情况下患了肺吸虫病。在我国接收的 8000 多名朝鲜孤儿中，也有 1000 多人患有该病。当时国际上对这种病既缺乏准确的诊断方法，又无有效的根治措施。许多病人长期被误诊为肺结核、胸膜炎、腹膜炎等，因得不到有效治疗而死亡或残废。鉴于这种情况，中央卫生部特批准在北京中央人民医院成立专门研究肺吸虫病的病房和研究室，以钟惠澜为首，尽快研究出简易可靠的诊断方法和有效的治疗措施。钟惠澜在助手和同事们的协作下，经过一年多的努力就出色地完成了任务。在以后对肺吸虫病的继续深入研究中，他和助手从边疆到内地，从平原到山区，行程十几万公里，足迹遍及 20 多个省市，进行实地考察，写出 80 多篇研究论文，研制出五六种特效药，并协助科教电影制片厂摄制了《肺吸虫病防治》的科教片。尤其值得一提的是，他发现了八种肺吸虫，其中五种能导致五种新型疾病，并分别研制出防治这些新型疾病的方法和药物，受到国际医学界的高度评价。

1952 年，绥中地区暴发了一场原因不明的热病大流行，死亡率相当高。党中央派钟惠澜到疫区，他很快就判明该病是疟疾，查清病因，采取果断措施，迅速扑灭了这场瘟疫的流行。

云南省的思茅地区有一个 4 万多人口的繁荣集镇，但新中国成立前由于疟疾大流行致使人口锐减到 1000 余人。当地流传着一句民谣："想到思茅坝，先把老婆嫁"，意为有去无回。1955 年，钟惠澜受国务院之托，陪同印度疟疾专家对云南的疟疾流行成因和防治措施进行考察，使国务院掌握了云南省特别是思茅地区疟疾的全部情况，为控制和消灭当地疟疾的流行提供了第一手资料。钟惠澜杰出的医学贡献，为团结当地少数民族群众、巩固边防起到了积极作用。

1958 年，四川的温江、重庆、乐山、雅安四个专区同时暴发一种来势凶猛的传染病，患者发高烧，淋巴腺肿大，咯血，甚至在短期内死亡。当地怀疑是鼠疫或特种流感，因而封锁了疫区。周恩来总理得知这一情况后，马上给钟惠澜打电话，派他去疫区工作，指示他要尽最大努力控制住疾病的流行。第二天，钟惠澜就赶到疫区，经过多方面考察，很快否定了鼠疫的可能，确定这是一种名为"钩端螺旋体病"的恶性流行性传染病。由于判断正确，三天内便控制了疫情，解除了对疫区的封锁。周总理亲自打电话，高度赞扬了他的工作。

直言忠谏的诤友

钟惠澜是全国政协常委，尽管他平时科研工作非常多，仍积极参加政协会议，并就国家的大政方针发表自己的看法。1957 年 3 月，在政协第二届全国委员会第三次全体会议上，他做了关于计划生育的书面发言，指出："中国人口基数很大，目前增加率太快太多，故应该辩证地采取有计划地控制生育政策，以便积累大量的资金，保证社会主义建设的早日胜利完成。"钟惠澜所提意见以事实为依据，但他却因此被诬蔑为"肆无忌惮地宣扬马尔萨斯人口论"，在"拔白旗"运动中被当作"白旗"而受到严厉批判。

1962 年春节，陆定一给钟惠澜打电话，请他到全国政协去吃饭。当时钟惠澜正患肺炎，发烧41℃，但他还是去了。吃饭时在座的还有时任卫生部党组书记徐运北和中华医学会会长傅连璋。陆定一说："1958 年的'拔白旗'运动是错误的，你不要因此产生思想顾虑。"还说："中国的知识分子不是太多，而是太少。从旧社会过来的老知识分子，没有他们不行，建不了社会主义。"钟惠澜听了很受鼓舞。饭后，周总理和彭真也来了，大家在一起合影留念，并一定让钟惠澜站在中间。钟惠澜很感动，认为这是周总理在以其行动为自己平反。

正当钟惠澜感到研究领域应不断开拓，大量工作有待全面规划、系统开展时，十年动乱开始了。他成为不容置疑的"反动学术权威"而被打倒。一切科研工作都被迫停止了。

"文革"后期，钟惠澜从"牛棚"放了出来，也不必三天两头写反省材料了，但搞科研却仍没有指望。每天他从建国门外挤公共汽车到天桥附近的友谊医院上班，这样一位大专家的工作却是饲养供试验使用的小动物。

有一天，友谊医院院长通知钟惠澜，从第二天起派专车接送他上下班。钟惠澜简直不相信这是真的。事后他才得知，有一次他在路边等公共汽车，被乘车路过的周恩来总理看见，总理马上给卫生部打电话询问钟惠澜的情况，说钟惠澜这样的人连外国人都想用，我们为什么不用？并批示为他上下班安排专车。在周总理的直接过问下，钟惠澜的工作状况逐渐有所改善。他重新回到实验室，并有了助手。

1977 年，钟惠澜领导下的热带医学研究室正式改为北京热带医学研究所，叶剑英为研究所题写了所名。钟惠澜唯恐浪费有生之年的点滴光阴，总想抓紧时间再多搞几个研究课题。他亲自抓热带医学科研的实验室试验、临床诊断治疗、现场流行病学调查和防治工作。他和二十几岁的小伙子们一起"连轴转"而不知疲倦。直至病倒之前，他一直坚持全天工作，甚至连中午也不休息。他怕到食堂去吃饭耽误时间，就每天中午带饭。他甚至没有查找电话号码的时间，在家里，他把电话号码随手写在电话机旁的墙壁上；在办公室里，他的专用电话上贴满了写着电话号的白色橡皮膏条。他每天要做的事很多，为了不搞乱各种材料和文件，他每天上班要带四五个大包，将各类材料分别带好。每当他下班回家走下汽车，不明底细的邻居总以为他是到哪儿出差刚回来。而在他家或办公室，到处都是翻开的书。有时，他也会坐在客厅的钢琴前弹奏一首肖邦或李斯特的钢琴曲来松弛一下紧张的神经。

钟惠澜常为一些中央和地方的领导同志治病，有机会接触各方面的名人。他与叶剑英是同乡，又常为其治病，每次见面，叶剑英都问他有什么要求，并时常让工作人员询问他的生活、工作情况及子女们的就业、生活等问题，对他极为关心。但他从未想到可以利用这个条件为自己"走后门"。只有一次，他找到某位市级领导"走后门"。那是在1984 年，那年 9 月将在加拿大召开第 11 届热带医学及疟疾国际学术会议，邀请他参加，而有关领导担心 84 岁的钟惠澜身体发生意外而未批准。钟惠澜终于说服了领导，出席了这次会议，并当场用流畅的英语宣读了他的论文《关于中国肺吸虫病和肝虫病研究的新进展》。这是他最后一次把中国的医学研究成果亲自介绍给全世界。

钟惠澜是一位成就卓著的医学科学家，精通六国文字，能用八种外文阅读资料。他曾发表近 400 篇学术论文，有过近 200 项发现和发明。这样一位对人类医学事业作出过杰出贡献的科学家，在他生命的弥留之际向人们提出的唯一请求是，将自己的遗体献给医学事业。

珠峰正名第一人王鞠候

———

于　浩

　　中华人民共和国成立前，我国举世闻名的地球最高峰珠穆朗玛峰（以下简称"珠峰"），被称作"额非尔士峰"或"埃佛勒斯峰"，长达一个世纪之久。这是因为 1852 年任印度测量局长的英国人 Everest，自称是珠峰发现者并以自己的名字命名，这是遵循"发现者有命名权"的国际惯例的。其实，早在 1717 年，中国清朝政府派员测绘全国地域版图时，就已发现珠峰。测绘官员在进行实地勘测的同时，将当地藏族居民为该峰所取之名"珠穆朗玛"（藏语译为"圣母之水"）标注在原测绘图上。地图绘制完成，立即报呈朝廷。谁料地图从此被锁在故宫禁院，国人根本无从知晓。这一锁，就是 200 多年的与世隔绝。

　　直到中华人民共和国成立后，国家全面行使主权，才真正恢复珠峰原冠名。当时为珠峰正名的学者，是被誉为"珠峰正名第一人"的地理学家王鞠候。

　　王鞠候（1902—1951），浙江慈溪人，1922 年考入东南大学，师从著名学者竺可桢研习地理。因勤奋刻苦，主修学科成绩超群，毕业前一年被校方擢升为助教，历任副教授、教授等职，是一位以学术严谨著称的知名学者。1951 年年初，王鞠候发表《大小高低》论文于《开明少年》上，文中依据史料说明：所谓"额非尔士峰"应正名为"珠穆朗玛峰"。文章刊出后，引起当年《人民日报》编辑胡仲持的注意，认为事关国家主权。为慎重起见，胡仲持请王教授对相关史料再作进一步核实，以绝谬误。岂知此时的王鞠候罹患肺癌，已进入病重的危险期。

为尽快完成准确行使国家主权这一神圣使命，王鞠候精心考证，不顾病重坚持辛勤奔波，最终在故宫博物院查到清朝政府 1717 年测绘原地图的后来翻拍照片，有效核实了 200 年前珠峰地理、方位、高度等测绘原始参数精准无误，图上确有藏语"珠穆朗玛"原冠名。不久，《人民日报》专题报道了王鞠候为珠峰正名撰写的文章及考证查核情况。1951 年 5 月 26 日，不堪积劳的王鞠候肺癌恶化，不幸病逝于北京协和医院，年仅 50 岁，可谓：唯叹知命英年辞世早，未见珠峰正名那一天。

1952 年 5 月 8 日，中央人民政府内务部和出版总署联合向全世界发出正式通报：位于中国境内西藏地区原"额非尔士峰"，正名为"珠穆朗玛峰"。王鞠候为此付出的心血，最后也得到了政府权威部门的肯定。

两弹元勋 "老邓" 的草根情怀

王明锐

　　"邓稼先"这个名字，现在已为广大中国人民所熟悉。他是"两弹元勋"，是中国核武器事业的开拓者和奠基人。他将自己的智慧、个人幸福以及生命，毫无保留地献给了中国的国防事业，赢得了人民的尊敬。他是一位英雄，同时又是一个有血有肉的普通人。我们有个好传统，对领导、对专家，不称呼官衔，而是以"老张""老李"相称。在邓稼先去世前 20 天，我去 301 医院看他时，虽然当时他已是国防科工委科技部副主任，并早已是九院院长了，可我还是习惯地称呼他为"老邓"。他的平易近人、谦虚谨慎、不摆领导和专家的架子，以及他的人情味、关心别人胜于关心自己的高尚人品，都在和我们这些普普通通的科研人员的接触中，时时、处处地表现出来。

高尚的品格：对自己对女儿都不搞特殊化

　　1971 年，我国连续进行了几次核爆炸试验。年底，我奉我所在的北京理论部科研室派遣，和陈云尧同志一起参加核弹的加工、装配工作，随后去新疆参加核爆炸试验。我们刚到新疆基地就听说，前一天，排在我们的核试验前面的氢弹爆炸试验在飞机投弹时出了故障，连续三次都没有投下来，飞机只得带着氢弹返回机场，这是非常危险的事情。我们从在现场的同志那里得知，当时飞机着陆后，老邓冲在最前面。在危险时刻，他总是以实际行动给我们做榜样。

排在前面的试验出了这样的事故，我们的试验只能推迟到春节后再进行了。1972 年刚过完春节，我们乘坐一架国防科工委的包机飞赴新疆。在候机室，我看见国防科工委副主任朱光亚和老邓（当时他是九院副院长）坐在那里。老邓对我说，他这次没有带秘书来，叫我兼作一下他的秘书工作，主要是开会时帮他作些记录，我欣然同意了。开会时，我帮他作记录（他自己也记）；当他需要什么资料的时候，我就到基地的有关部门跑跑，帮他借资料。资料用完后我又帮他还回去。就这样忙了几个星期，试验做完了，各种测量数据也到手了，理论部的人该乘飞机回北京了。这时，老邓希望我能陪他到内蒙古去一趟，去看看他在建设兵团劳动的女儿，我答应了，于是我们改坐去内蒙古的火车。他一路上所体现出来的高尚人品，令人起敬。你能相信当时作为核武器研究院主管科技的副院长的邓稼先，竟让自己的女儿留在兵团待到最后吗？你能相信一位核武器研究院主管科技的副院长，竟不动声色地找一个普通的科研人员陪同，悄悄地到兵团去看望一次女儿吗？你能相信一位核武器研究院主管科技的副院长，既不带保镖，又不坐小轿车，在内蒙古草原上，在找不到交通工具的情况下，竟坐上一辆农民拉过粪的平板牛车代步吗？这一切，他都很自然地做到了。

愉快的旅程：有"老邓"在身边不会烦闷

出发前一天的晚上，老邓提出要和我下盘围棋。许多人知道老邓是戏迷和球迷，也酷爱音乐，并且达到了相当高的水平，但他爱好围棋就鲜为人知了。不过他的围棋水平和我差不多，我们互有输赢。因此每逢我出差和他相遇时，在紧张地忙碌过后，他总要叫我去他那里下围棋。那天下围棋，棋盘就摆在他的床上。我们的兴致都很高，一直下到深夜。最后一盘棋结束时，一不留神，一粒棋子滚到床下面去了。当我正准备起身去捡的时候，猛一抬头，见一位解放军战士荷枪实弹地站在床前。他把枪卸下来放在老邓的床上，去帮我们摸棋子。拾回棋子后，战士问我们：这是什么？我告诉他说是围棋的棋子。我们不下了，战士也就退出去了。陪着老邓在那里住了这么多日子，直到那天我才知道每天晚上外面都有岗哨为他守卫。

第二天，基地派车送老邓和我去乌鲁木齐火车站。从乌鲁木齐到包头，在车上要待三天两夜，这么长的时间待在车厢里是很烦闷的，但老邓总会讲些话来提起我的精神：他时而讲笑话，时而谈文学，总之，和他在一起不会感到疲乏。

上车不久，他就讲了个笑话。他说，青少年是学文化的时期，许多知青离开学校下乡了，连个简单的信都写不清楚。有个女学生在乡下插队，给她妈妈写了一封信报平安。信中说，她生活得很好，叫妈妈不要担心。她说，她每天和大狼睡在一个坑里，把她妈妈吓了一跳。原来她是想说她每天和大娘睡在一个炕上。他讲完这个故事后，我们都笑了，但内心不免有些酸楚，因为我们不正是去内蒙古看他在那里"插队"的女儿吗？

老邓讲的笑话幽默、风趣、意味深长。既使人感到轻松、快乐，又从中深受教益。他说，讲话是一门艺术，应该考究如何讲法。有的人说话总爱习惯性地带点口头语，影响说话效果。比如，有个人每句话的开头都要说个"好像呢"。有一次试验前向张爱萍汇报完，张爱萍提了一个问题，问准备得怎样。这个人回答"这个问题好像呢"，张爱萍严肃地说："什么'好像'？都到什么时候了，还'好像''好像'！"老邓说完后我们两人都哈哈大笑。老邓接着说，"如果讲话既爱习惯性地带点口头语，又把话说错了，那留下的就只有笑话了，听的人哪里还记得你讲话的内容。××军区某司令员讲话，每句话后面都要跟个'的工夫'。一次他作形势报告，想说当前的国际形势是帝、修、反联合反华，我们应该加强政治学习。他把赫鲁晓夫和尼赫鲁的名字扯在一块儿了，说：'今天的工夫，一天不学习的工夫，就跟不上形势的工夫，当前赫鲁尼赫鲁的工夫……'"老邓的话音未落，我就大笑不止，他也几乎把眼泪都笑出来了。

除了讲笑话外，老邓还谈文学。我记得他说有人把晚唐著名诗人杜牧的一首脍炙人口的绝句《清明》，只是改动标点符号，就改成了一首词。我听后颇感兴趣。唐诗的原文是："清明时节雨纷纷，路上行人欲断魂。借问酒家何处有，牧童遥指杏花村。"他说："有人把这首诗改写成：清明时节雨，纷纷路上行人，欲断魂。借问酒家何处？有牧童遥指：杏花村。这里把'纷纷'做动词用。这首词，听起来像'词'，其实不是词，因为没有词牌。如果增减一些字，就可以改写成各种别的诗。有人把这首诗改写成三言诗：'清明节，雨纷纷。路上人，欲断魂。问酒家，何处有？牧童指，杏花村。'也有人把它改为四言诗：'清明时节，行人断魂。酒家何处？指杏花村。'也有人把它改为五言诗：'清明时节雨，行人欲断魂。酒家何处有？遥指杏花村'"……

浓浓的人情味：高级烟送老农，与小典的父女情

我们就这样愉快地在火车上摇晃了几天几夜，终于到达了包头，然后立即到长途汽车站搭车去乌特拉前旗。下车后一打听，方知小典（老邓的女儿邓志典）所在的兵团离那里尚有至少2公里，我自己提着一个大旅行包，老邓提着两个大旅行包，要走这么远的路程确实很难。我让老邓在原地等着，我出车站一打听，得知除了刚才到达的一辆长途客车之外，什么车都没有。正在犯愁的时候，我见一个年长的农民赶着一辆平板牛车，卸完干粪正准备离去。我上前问："老乡，从这里到生产建设兵团有多远？"老农回答说："我马上要回去的地方离兵团不远，跟我走吧。"

于是我请老农等等，赶忙回车站叫上老邓。我们把旅行包放上了老农的平板车，老农说："你们也坐上来吧，牛走得快。"我问老邓行不行，他说："有什么不行的，上吧。"于是我们就盘腿坐在老农拉粪的平板车上，老农在前面坐着赶牛，摇摇晃晃地向前走着。老邓掏出一包带过滤嘴的香烟（那时候，带过滤嘴的烟是很珍贵的）来递给他："师傅，您辛苦了，抽支烟吧！"到了目的地，我和老邓向赶车人道谢，老邓还把刚才那包香烟送给车把式，说："同志，您拿去抽吧！"

下车后，很多年轻人在兵团劳动，其中也有我所职工的孩子，他们认识老邓，不一会儿小典就被叫来了。小典把我们引进一间小平房，让我们住在那里。屋里条件很简陋，只有两个单人床，一张普通长桌。安顿好我们，小典就回连队劳动去了。晚饭也是她从连队给我们打来的，十分简单。晚上小典来了，老邓凝视着女儿，握着女儿的手，轻声地唤着"小典，小典"，父女情深，令人动容。过了一会儿，老邓打开一个旅行包，掏出一些罐头，叫小典拿去。小典执意不要，说："大家是在

这里劳动锻炼的，都在过艰苦生活，我怎么能吃这些？"老邓问我该怎么办。我说："这要体谅孩子的处境，大家都以艰苦为荣，你这点罐头虽谈不上奢侈，但孩子拿去感到压力很大，在我看，她不要就算了。"老邓沉思了一会儿，说："明天是星期天，叫小典唤上她的表姐，我们到乌特拉前旗去把它吃掉吧。"大家同意了。

第二天，我们四人一起，提着一包罐头，沿着前一天的车道，到乌特拉前旗的一个小馆子里买了两瓶啤酒，把罐头打发了。第三天，小典她们连队的连长和指导员到小屋来看望了我们。第四天，我们步行到乌特拉前旗，搭上长途汽车去了包头，然后乘火车回到了北京。

永远的离别：如果能再次选择人生，仍然走自己走过的路

1985 年 7 月底，我听说老邓患了直肠癌，在住院治疗。我很想去看看他，但单位规定不许大家去看望，免得影响他休息，我也就没有去。后来听说经过手术后他出院了，我以为没事了，谁知不久他又住院了。1986 年 7 月初，我受托去 301 医院找我所科研人员彭其才的爱人董玉兰落实为患者体检的事，把事情联系好后，她说："你们的邓院长就住在下面三层。"我让她带我去看看老邓，她说："上面规定，谁也不许去看。"我说："邓院长和我太熟了，带我去没事儿。"她就带我到三层，直接走到老邓的卧室前。董大夫从门上方的玻璃窗口往里看了看，回头对我说："哎呀！邓院长准备睡午觉了。"我问："睡下去没有？"她说："还没有。"我就请她敲门，老邓应声开了门，见我来了，他很高兴。老邓向我介绍了他的病情，并把衣服解开，露出下腹，给我看从他腹部拉出的管子和吊着的瓶子。我说："老邓啊，你可要挺住。当年我们突破原子弹、氢弹，历尽千辛万苦，你今天就要像当年突破两弹那样去战胜病魔，精神力量在治疗中是极重要的。"老邓说："我很乐观，你们放

心。"我怕耽误他休息，起身要走，他执意要我坐下来再聊聊，我又坐下来和他聊了 40 多分钟才离开。病房在这头，电梯在过道的那一头，他硬是把我送到电梯口。临别时，老邓说："这次我恐怕出不去了。"我说："你可千万别这样想。等你出院后，在家里好好疗养，我不时来和你下围棋。"那次在医院和老邓见面，我觉得他的精神还是很好的。想不到过了大约 20 天，他竟永远离去了！

老邓，你说如果能再次选择人生的话，你仍然走你走过的道路。我想，如果我们能再次选择人生的话，仍然愿意选择在你的领导下工作。

安息吧，老邓！

新中国盲文之父、世界语学者、语言学家

——黄乃

————

安　奇

　　黄乃是辛亥革命先烈黄兴先生的遗腹子，1917 年生，湖南省长沙市人，2004 年 1 月 30 日患脑溢血病故于北京，享年 87 岁。

　　黄乃是中国汉语盲文专家，优秀的中共党员，还是一个多才多艺又极重友谊的人。

　　黄乃大哥长我 13 岁，我们相知相识、友谊长逾半个多世纪。他在北京，而我在新疆工作长达近 30 年。我们之间主要靠通信联系。20 世纪 80 年代起，我调回长沙工作，有时去北京办事，而他又常回长沙扫墓和考察盲聋哑人的教育事业，以及关心残疾人福利和兴办工厂的事，这样我们见面的机会就多了。

与黄乃的相识与相知

　　1951 年 3 月，部队派我出差到北京办事，住在北京北池子西北军区

办事处。同住的有新疆军区党委直工部长王汉兴及其妻子杜枫。

一天，早餐刚过，王汉兴部长要办事处给他派车，说要去看望一位老朋友。王部长对我说，这个朋友是长沙人，是革命先烈黄兴最小的儿子，不幸双目致盲了。听到这里，我不禁"啊"了一声，忙说，我们家与黄家有往来，我也去看望他。

记得黄乃那时住在中联部一个大院里，身材高大，穿着一身灰棉制服。刚一见面，王汉兴部长一把抓住黄乃的手，满脸悲戚，痛心地喊着："黄乃，你怎么成了这样啦，我是王汉兴呐。"黄乃当时也神色黯然，微微点首。王汉兴又问向明有没有来看望过他。黄乃动情地说："来过，还伏在我的肩头哭了，说早知如此，当初不应当离开我。"黄乃还转过头对侧边的一间屋子说："孩子现在留在我身边，给我做伴。"我用极轻的脚步移到侧屋望了望，只见一个八岁大小的小男孩，正伏在桌上涂写，神情十分安静，面容酷似黄乃。现在，这个名叫邵强的男孩已经成长为著名画家，并年届花甲，侨居在加拿大。

我这个细微的动作，马上引起了黄乃的注意，他忙问："同来的还有谁？"王汉兴说："是你的一位小同乡。"我马上主动和黄乃握手，对他说："我祖父熊翊青当年追随黄兴先生，为辛亥革命捐躯，我的叔父熊超美与尊兄一欧先生同在遗属学校，多年有交往……我出差来北京，特地来拜望您……"他听后，又抓起我的手，重重地握了握，一扫脸上的黯然，问起了家乡的情况。

王汉兴又问黄乃的眼疾治疗情况，黄乃把他在莫斯科治疗无效的经过向王汉兴部长叙说了，王部长深深地叹息，但看见黄乃情绪还稳定，放心了许多。王部长还有事，不能多留；而黄乃正向我询问他的母校楚怡小学的事，希望我能陪陪他，我当然义不容辞。这样，王汉兴部长就驱车先走了。

我告诉黄乃，楚怡小学仍在原来的老地方，离黄泥街不远，校舍完好。长沙是和平起义地区，在"二战"期间，蒋介石搞焦土抗战，文夕大火烧毁的主要是长沙南区一带，北区老房子基本还在。

黄乃兴致勃勃地告诉我，他在楚怡小学读到小学毕业，跳过两次班，毕业时拿了第一名。那时候，就是个小近视眼了，大概有500度，家里人不让他多看书，哪里禁得住，他就偷着看。说着，他也乐了。后来，他又谈起长沙街上的小吃，油炸臭豆腐、糖油粑粑、烤红薯、甜酒糟……黄乃大哥的神情越发活跃了。

他问起我的工作，我告诉他："我刚入伍不久，入伍前是湖南省广播电台编辑部的记者。经再三要求，组织上才批准我入伍的。这是我第二次入伍，'二战'期间我投军参加过战地文化服务队，在一线战斗，日本投降后，1945年11月我在武汉退伍，做地下学运工作。这次申请入伍，是想争取到朝鲜一线采访，本来招兵处委派我带领3000余名学生兵去新疆，其中90%是女兵，队伍刚抵西安不久，我就被指派来北京出差，还没归队哩。"

黄乃大哥"呵"了一声，说原来是这样。他沉思了一下，对我说，向明也是搞新闻的，在新华社工作，后来与××产生了恋情，才导致我的家庭和婚姻的破裂……我不忍心让黄大哥谈这些伤心的事，便有意把话岔开，建议他再次做眼科手术。

黄乃大哥向我深情地讲述了周总理在日理万机、百忙之中亲自安排他去莫斯科治疗，并轻拍他的手背，鼓励他面对困难、勇敢地生活。

后来我才知道黄乃在1937年奔赴延安时，已经是独目人了。他在上中学一次球赛时，被足球踢中右目。他的二哥黄一中陪他遍访名医，医治无效；家里老人更是忧心如焚，黄氏家庭对黄兴先生这个遗腹子，向来呵护有加、十分怜爱；黄家人又是十分宽厚的，他们对闯祸的学生，并没有为难。为此，黄乃耽误了一年多的学业。

黄乃于 1936 年东渡日本留学。他原来日文基础就不错，在日本，他还学会了世界语，并参加了留学生左派联盟的活动，结识了革命家刘仁和他的日本妻子女革命家绿川英子。

黄乃告诉我，现在，国家为他联系了波兰一位著名的眼科大夫，对治疗视网膜脱落很有经验，明年（1952 年）来中国为他做第二次眼科手术。我真诚地祝福他，希望他为配合这次难得的手术，合理安排生活，养好身体，胜负在此一举了。

多才多艺的黄乃

距第一次与黄乃大哥见面后的十天左右，我又一次去探视他。当时，他与他的助手正在合作翻译一篇文章。文章登在对外报刊《新中国报》上，是重点介绍新中国建设成就的。黄乃让他的助手念报上的文章，每念一小段，他就用世界语翻译出来，助手赶快替他用世界语记录下来。

我尽量把脚步放轻，但仍然惊动了他，他的听觉特别灵敏，并且猜到了是我。黄乃身材高大，皮肤白皙，五官端正，有一头浓密的漂亮的头发。他的言谈举止，极富文化教养，又十分坦诚。

我向他表示抱歉，因为我的到来，干扰了他的翻译工作。黄乃忙说，他找点事做，是免得把世界语荒疏了，并说，正想调剂一下哩。说着，他顺手拉开书桌的大抽屉，从里面取出三把锃亮的口琴，我正在想要不要告诉他，我不会吹口琴，他却对我欢快地说："在延安杨家岭王家坪，每次周末舞会，我都是乐队的伴奏员。"说着，自己倚在房门边，熟练地吹奏起一支欢乐的曲子，是首苏联歌曲。后来是四重唱，黄乃不断地上下、左右移动口琴，时而重叠、时而单奏，调子忽高忽低、忽壮忽细，我被深深地吸引了，生平第一次领略了口琴竟有如此神奇的魅力，不由得发了呆。琴声戛然而止，黄乃面孔都兴奋得微红了。我满心欢喜地为他鼓掌，并且诚心诚意地说，没想到小小的口琴，竟有这样奇妙的表达力。他温和地笑笑，并不作答。我问他，口琴是不是他的最爱？他却说，他最喜欢的是手风琴。又说，他这里没有手风琴。

他的客室里摆着一架半新的钢琴，我问："你会弹钢琴吗？"他回答说："钢琴老师每周来三次，是组织上为我安排的。"我听说过黄乃曾一度患精神分裂，组织上为了他早日恢复健康，为他配了钢琴和钢琴师，希望音乐能治疗他那颗深受创伤的心。

黄乃挪步到钢琴前坐下，微笑着问我喜欢听什么曲子，我不假思索地说，我最喜欢《蓝色多瑙河》，说完，我有点后悔，他会熟悉这首外国名曲吗？显然，我的担心纯属多余，黄乃屏息了一口气，便熟练地弹奏起来。他把乐曲掌握得极好，随着乐章，我仿佛坐在蔚蓝色的海边，听到了海浪轻轻地击拍着海岸，又哗地随着潮涌滑向远处。我真的陶醉了……

钢琴声停歇后，我们都不出声，房间里静极了，好大一会儿，我们才从音乐之梦中苏醒过来。

黄乃在音乐上的天赋和造诣，使我吃惊。

"这是一个有着非凡的生命力的人，他绝不会垮的。"我在心里对自己说。

黄乃执意要留我在他们机关食堂吃午饭。

午餐后，我们回到他的居室，喝着茶，他沉默不语，忽然用手指了指天花板，清楚地对我说："上面住着我的第二任妻子。"我蒙了，以为自己听错了。接着黄乃告诉我，庄涛是他在延安敌工研究室工作时的老同事。庄涛的第一任恋人是位日本共产党员，那位日本共产党员曾对她说："我们的恋情是没有结果的，日本战败之日，就是我返国之时。"可是庄涛不肯撒手。

向明背弃黄乃后，庄涛与黄乃同病相怜。中华人民共和国成立初，双方建立了第二次婚姻，并生下儿子黄庄平。不久，庄涛调去外交部门工作。庄涛是个很有事业心的女人，工作十分忙碌，还拖着个吃奶的孩子，根本没时间照顾黄乃，而黄乃也无力为她分劳，经过冷静的思索，庄涛提出与黄乃分手。这次短暂的婚姻，对黄乃的打击远不如向明留给他的创伤大。

黄乃原名黄一寰，他的长兄一欧，二哥一中。后来黄乃改名黄肃，为书写方便，便又改为黄乃，沿用至今。

黄乃曾任延安《解放日报》敌情副刊主编、新华通讯社国际部主任。写得一手好文章，曾用笔名傅弭，在《敌情》副刊上发表过许多文章，是真正的日本问题专家。

他的文章曾引起毛主席的注意。有一次，毛主席在延安的一次大会上说过，没有调查就没有发言权。有的人是认真研究问题的，比如黄乃同志，他就是真正的日本问题专家。

黄乃是个十分敬业的人。他在读小学时已是近视 500 度，在延安，总在小油灯下熬夜，近视度上升到 1200 度。深度近视，又是独目。许多朋友和同志都劝诫他要保护视力，否则后果不堪设想，他总不以为意。好朋友李锐和他急，对他大声呵责："黄乃，你这样熬下去，有一天眼睛会瞎掉的。"不幸，此言竟为其言中。熟悉他的人，莫不为之痛惜万分。

可是，黄乃满怀对祖国的热爱，在瑞典出版的世界语盲人刊物上，不断地发表文章，介绍中国的建设成就，有十几个国家的盲人给他来信，与他交朋友，支持他、鼓励他、帮助他在苦闷与彷徨中逐步走出困境。

1951 年 4 月上旬的一天傍晚，我用过晚餐后，匆匆赶到黄乃的住处向他辞行。

那天正好是周末，他已用过晚餐，正在居室寂寞地枯坐着。他轻轻地与我握手，随口说："要走了？""是的，明天早上的火车回西安。"我回答。他抚摸着书桌上的一块特别的钢板，简略地说："给我写信。""我会的。"我回答得也十分简略。

他桌上的这块特别的钢板，不厚不薄，信纸大小，钢板上均匀地有许多镂空的行隙。他把钢板压在信纸上，摸着那些空格，就可以用圆珠笔在上面依行书写了，不用担心跳行。黄乃就是凭借它来书写的。当时，他尚未创造新盲文。

黄乃邀请我参加机关的周末舞会，并立即拥着我站了起来。他的助手陪我们去了机关的大礼堂，舞会已经开始了，舞池中人不少。乐队正在奏着"慢四"。没容我多想，黄乃带着我下了舞池。他听力非常敏锐，身手也十分灵活，我们在舞池最外的一圈曼舞，没有与任何人相撞。黄乃的舞姿优美，准"绅士派"，使我深感意外。他这位来自延安的老革命，没有一点"土八路"的舞风。接着，我们随着乐曲跳起了"快三"（探戈），后来还跳了伦巴，真难为他。他哪儿像一位双目失明的人呢！

跳完第四支曲子，黄乃意犹未尽，我必须立即赶回办事处，因为张政委约了晚上碰头，便匆匆地告辞了。

波兰医生来了

国防第二步兵学校政治部办公的大院里，挂着军邮箱，每天都开启，十分方便。晚上不开会时，我便伏在微弱的电灯光下，给黄乃写信，写我的工作与学习、写新疆的民族风情、写我的生活，甚至连我读书的读后感、看完一场电影后的感受和评点，我也会告诉他。我多么希望他在第二次手术前，有个好心情、好心态。我总在信上嘱咐他：不必忙着给我回信。军邮稳妥、方便，当天发，当天邮走，但他给部队的信，最快也要走十天甚至更长时间。

但时不时地，我还能收到他的回信。记得是 1952 年 2 月，那时边塞还是一片银色的冰雪世界，黄乃来信说，波兰医生有可能 3 月会来中国，他要我邮张照片给他，最好放大一些，他想手术恢复视力后，第一眼能看到我这个好心的同乡小妹。

军营里没有照相馆，学校距乌鲁木齐市区有 30 来里路。部队还规定：不许单独出营房，至少三人，还须列队上街。这是针对少数民族地区而采取的安全措施。天气这样冷，我找谁陪我上街呢？可难住我了。这时，机会来了，我收到了《解放军报》的稿费通知单。我马上找到两个男同事，说我请客打牙祭，这样我终于有伴上街了，不单洗了照片，还真的用稿费请两位同事饱餐一顿烤羊肉。

照片洗出邮走后，我就计算着日子，等着黄乃手术后给我报捷。4月终于收到一封他写来的厚厚的长信。信上说，波兰医生的第二次手术取得初步成功，从眼上拿开纱布后，他模糊地看见了护士白色的身影，接着，清楚地看见了一个人的手掌和五指。他在卧床养息时，不愿白白浪费这段时间，就在助手帮助下，继续翻译文章……我不由大惊失色，连忙给他写回信，要求他立即停止工作，因为用脑过度会使脑血管充血，刚开过刀的眼球微血管也会导致渗血，影响伤口的愈合，手术将前功尽弃，来日方长，何必急于这一时一刻的工作呢？千万静卧休养，尊重医嘱。信上我打了许多惊叹号，表示万分重要。

邮走信后，我心里一直沉甸甸的，出现不祥的预感。

十来天，黄乃给我邮来一封短简，算日子，我邮给他那封打满惊叹号的信，他尚未收到。他在信上说，第二次手术失败，眼睛渗血，眼前一片漆黑，连一丝一毫的光感也没有了……

我忙给他写回信，要他多保重，来日方长，出院后，再和组织商议，做自己想做而又力所能及的事。

双丰收

1961 年春节，黄乃与安琳结婚。这是黄乃的第四次婚姻，也是他一生事业的重大转折点。

他们婚后的 43 年来，安琳不单是他忠实的妻子，给予他生活上很大的温馨，而且也是他事业上的得力助手。

黄乃曾在他的专著《建设有中国特色的汉语盲文》一书的自序中写道："我要衷心感谢与我同甘苦、共命运，朝夕相处已逾 38 年的妻子安琳同志，她不但从精神上不断鼓舞我，而且还担负了大部分念稿、选稿、改稿、誊稿、复印等复杂任务。"

安琳原名王玉玲，1918 年生于天津市，小黄乃一岁，是个北方女性，是河北省立女师学院师范部的学生；参加"一二·九"学生运动后，加入中国共产党；1937 年到延安学习、工作；1943 年到八路军一二〇师战斗剧社；抗战胜利后，先在中宣部电影处工作，1953 年调中央文化部电影局主编内刊《业务通讯》，后在北京科学教育电影制片厂任导演、主编等；1982 年离休。

安琳与黄乃结婚前，爱人已病故，与女儿连妮一起生活。安琳与黄乃结婚后，生了女儿小妮子，小妮子现在日本留学，性格温和，对人宽厚，有乃父之风，相貌酷似黄乃。

"文化大革命"那个疯狂的年代，黄乃在民政部被打成"黑帮"，被无休止地揪斗，后来被下放到湖北沙市"五七干校"劳动，一天要剁

300～500斤猪潲。黄乃是个盲老头，年逾半百，生活尚难自理，何况还要强压定额劳动。这时，儿子舆群（与第三任妻子所生）在身边陪伴他，帮他抱猪草。黄乃片刻也离不开儿子，要不，大小便都没法解决。

安琳在北京心急如焚，多次打报告要求去沙市五七干校照料黄乃。造反派讽骂她说：别人要与黑帮划清界限，你还要自己往里面钻、往上贴，你脑子进水了，有病吧。

安琳不顾讽骂，仍然硬着头皮，一个劲地恳求，得到许可后，急急忙忙带上小妮子去湖北沙市五七干校看望黄乃。只见黄乃与舆群衣裳脏破，一身的泥水，裤子与鞋子全是湿漉漉的，床上的被褥更是又黑污又潮湿，摸起来腻腻的。房子到处钻风，又阴又冷。黄乃胡须老长，头发蓬乱，面容憔悴，老相毕露，舆群也是又黄又瘦。安琳不由得伤心落泪。有了女主人，房子里生起了火，脏衣裳、黑被褥洗净烘干后，穿在身上、盖在身上觉得暖和多了。安琳又徒步去买了鸡蛋和鲜肉，给黄乃父子改善伙食，小妮子十分懂事，把好菜和肉食往黄乃和舆群饭碗里不住地夹，自己却吃得很少，安琳看到一家人和睦、亲密，深感欣慰。

黄乃在安琳的照料与呵护下，终于度过了一生中最为屈辱和劳累的"黑帮"囚徒生活。

黄乃曾无数次地、深情地抚着妻子安琳的肩头，很动情地说："安琳，太委屈你了。"这时，安琳就用手捂住他的嘴，不许他说下去。安琳是个极有家庭责任感的女人，她不但把家庭生活安排得有条有理，还十分关心黄乃的事业。

20世纪80年代，黄乃举家回到北京，这时，我们全家也由新疆调回长沙。我立即给北京中国盲聋哑人协会写信找黄乃。黄乃很快回了信，还随信填了一首"西江月"，抒发对时势的感慨。1982年，黄乃返长沙扫墓，住在长沙中山路省政府的接待处——湘江宾馆，要秘书打电话约我见一面。我第一次见到了安琳大姐。黄乃意气风发，气色不错，我很高兴。那时，他的住房里站着、坐着许多人，还有不少是残疾人，他们都是有事来找黄乃的，安琳一边亲自给客人端茶送水，一边温和地说，黄乃心里时时记挂你们，不着急，回头一个一个地谈，一起想办法。

她的一席话，使闹哄哄的屋子一下安静下来，我紧握黄乃的手说，你的健康是事业的保障，你现在有这样好的体格，我很欣慰，我去北京时再去看你，我们再细谈。与黄乃重重地一握后，我向安琳告辞。

1988 年我因事去北京，老战友、北京工商日报社党委书记戴巍陪我到木樨地部长楼去看望黄乃。安琳大姐告诉我，黄乃大哥很忙。从 1975 年起，他在热心文改事业的扶良文同志的帮助下，花了两年工夫，初步完成现行盲字改革设计方案，即《带调双拼盲字方案（草案）》，后来又和一些盲友长期合作、修改、试验，十多年来，在部分盲童学校和部分盲人中试学试用，并得到中国社科院语言研究所的吴亮同志、语言学家陈竞雄教授、中国盲聋哑协会的李大芳同志的不时指点，在探索与设计《汉语双拼音盲字方案》。

安琳陪我进室去挑选一些黄乃与安琳的生活照，我才发现小妮子——黄乃唯一的女儿，正伏在桌上用功，那时她正准备动身去日本。

斯人永生

我与黄乃大哥最后一次见面，是 2001 年 10 月。

这时，黄乃已从木樨地 24 楼搬到了 22 楼，新居阳台宽敞，采光好。阳台上放着躺椅，躺椅上有手工做的小薄被。一看就知道是安琳为黄乃特制的。黄乃在躺椅上打盹时，小薄被可以护住胸口和膝盖。这个家处处散发着温馨。

谈话中，我听说黄乃历经 20 年的研究与试验，新设计的《汉语双拼盲文方案》已于 1995 年经国家五个部委批准，开始在全国推广。我真为老友高兴。

2004 年 2 月 16 日中午，我突然收到黄乃的讣告。

这时学校正在寒假期，又逢星期天，收发室没有及时把讣告送到办公室，17 日在八宝山举行追悼会，买飞机票也赶不及了。我赶快到邮局给黄舆群侄发了电子邮件致哀，并电汇奠仪，请舆群代我送一个花圈，上写"故乡老友安奇泣挽"。接着，又给安琳大姐通了多次电话。

一欧兄的长公子黄卫民赶往北京，协助主持丧事。追悼会极其隆重，党和国家负责人赠送了花圈，我在电视上看到黄乃身盖鲜红的党旗，睡在青松翠柏之中，不禁老泪横流。

中华人民共和国成立后，黄乃先后任第二至七届全国政协委员，中国残疾人联合会第一、第二届主席团副主席，中国盲人聋哑人协会第一至第三届副主席，中国盲人福利委员会副主任，教育部盲聋哑教育处处长。

难忘的《汉语大词典》编纂工作者

———

侯宪林

　　《汉语大词典》是由山东、江苏、安徽、浙江、福建和上海5省1市43个单位共同编写的一部全新大型的语文辞书。它古今兼收、源流并重、内容完备、收词严格、义项齐全、书证丰富、科学性强，全面反映了汉语发展史，是中华民族文化的结晶。我作为《汉语大词典》的一名编纂人员，从选择词目、制作资料卡片到编写词条释文，历时六年，尽了绵薄之力。其间所亲历亲闻的感人事迹与人物，至今仍常常浮现脑海，难以忘怀。现将我感受最深的人和事略述一二，聊志对那段峥嵘岁月的怀念。

《汉语大词典》工程的策划者及领导人——陈翰伯同志

　　1975年邓小平同志主持中央工作期间，陈翰伯同志任国家出版局代局长。为了发展我国的文化事业，他主持制定了"1975—1985年编写出版160部中外文词典规划"。这一宏大的文化建设工程得到了周恩来总理的批准和邓小平同志的支持。《汉语大词典》被列为国家重点科研项目。立项批准后，陈翰伯代局长亲自到上海主持召开了由山东、江苏、安徽、浙江、福建和上海 5 省 1 市出版局负责人和有关人员参加的会议，研究决定，由上述 5 省 1 市组织编写，上海市负责出版。陈翰伯同志雷厉风行，立即组建《汉语大词典》编写领导小组，并自任组长，督促有关省市建立相应的领导小组，与教育部门、高等院校协商分别成立《汉语大词典》编写分组，1976 年伊始即投入工作。

作为山东省临沂师专的一名教师，我亲历了《汉语大词典》曲阜师院编写组临沂分组的建立过程。山东省领导小组成员之一、时任曲阜师范学院副院长的赵紫生同志与临沂师专领导商议，由临沂师专牵头设址，临沂地委宣传部、地区教育局负责调配师专及中学语文教师组成临沂分组，任命我来主持这个分组的工作。初闻消息我深感难以胜任，但一想到这是周总理批准的文化建设工程，于是义不容辞地担当起来。1977 年 9 月，在《汉语大词典》青岛会议上，我有幸结识了陈翰伯同志。一天晚餐时我与他同桌，他看上去有些消瘦，用饭很少。我就近盛了一碗绿豆大米稀饭给他送上，他欣然接过，表示感谢。我向他表示了敬意，他向我询问了一些工作情况。饭后送他离去时，陈老握住我的手，殷殷叮嘱："《汉语大词典》是周恩来总理生前批准的重点文化建设工程，我们一定要继承总理的遗愿，把它编纂好！"谁料想第二天他在主持会议时突发心脏病被送去医院治疗。他抱病坚持工作的精神和他对我说的一番话，使我常常受到激励，终于和同事一起克服重重困难，顺利完成了按书收词、制作卡片资料的任务。

1978 年党的十一届三中全会以后，国内形势发生重大变化，为《汉语大词典》编写工作提供了很好的条件，也提出了更高的要求。这时各小组选词制作资料卡片的工作即将完成，下一步要进入编写词条阶段，急需调整、充实、稳定编纂队伍。在此关键时刻，国家出版局向中宣部请示成立《汉语大词典》编纂委员会和设立《汉语大词典》编纂处。请示立即得到时任中纪委第三书记兼中宣部部长胡耀邦同志的同意和支持。陈老不辞辛苦再次赴上海落实任务，组建机构。他亲自请罗竹风同志出任主编，建立由 72 位专家组成的编委会，正式组建《汉语大词典》编纂处。随后又支持罗竹风同志聘请国内著名的语言学家为顾问，组成以吕叔湘为首席顾问的学术顾问委员会。这样就形成了《汉语大词典》工作委员会、学术顾问委员会和编辑委员会三个强有力的组织机构，三者分工负责共同完成这一工程。陈翰伯、吕叔湘、罗竹风三位同志不负众望，审时度势，根据进展情况，分别于 1981 年、1983 年、1985 年联名给中央打报告，及时得到批示并转发文件，对编写工作给予思想上的指导和人力、物力、财力上的支持，使《汉语大词典》编纂工作得以顺利进行。

《汉语大词典》的主编和设计者——罗竹风同志

1978 年 8 月，罗竹风出任《汉语大词典》主编时已年近古稀。他深有感触地说："我既然接受了中央的这一重托，我将尽余生之力拼死为之。"他认为单靠个人力量不行，要上靠中央领导，下靠广大编纂人员，工委、顾委、编委要通力协作，关键是抓好编委会的工作。为此，他首先回答了"《汉语大词典》是一部什么样的书"以及"怎样编好这部书"的问题。

针对社会上对于《汉语大词典》的不同看法，罗竹风同志多次召开编委会议，集思广益，征求学术顾问的意见。经过深思熟虑，他胸有成竹地指出：《汉语大词典》是一部全新高水平的大型语文辞书，古今兼收，源流并重，反映我国汉语文发展的全貌。它需要依据自己收集的第一手资料编纂，吸收最新成果，匡正旧辞书错误，力求选词精当，释义准确，义项齐全，书证恰当，具备较高的科研水平。这就明确了《汉语大词典》编写工作的性质、任务及方针，为全体工作人员绘制出一幅蓝图。

罗老凭自己多年编纂辞书的经验指出，编写《汉语大词典》要依靠知识分子，走专家路线，要抛弃"人海战术"的"左"倾做法。他提议把各编写组设成高校或科研出版部门的科研机构，编写人员享受相应的工薪、职称、住房、福利待遇，调动他们的积极性。待初稿编完后集中骨干人才到上海完成编辑出版工作。这就有效地稳定了编写队伍，保证了编纂质量。罗老坐镇上海，通过报告、讲话、撰写文章指导整个编辑工作，并亲自审定样稿，成为所有编写人员的楷模。作为一般编辑人员，我未曾与罗老见过面，但从他的报告、讲话和文章中依然能够学到许多东西，并得到具体的指导。编写词条是一项漫长、琐碎而又艰苦的工作。初写释文时，速度慢，水平又不高，常反复易稿。看到被修改得密密麻麻、有时甚至需要重写的初审稿，我一时感到信心不足。这时，我读到罗老这样的一段话："《汉语大词典》就像是古往今来汉语词汇的一座档案库，库内的每个词都要交代，它是什么时候产生的，原来是什么意思，后来意思有什么变化，为什么不出现了、不用了，或者只用这个意思，不用那个意思了。每个词都像是一个档案袋，汇集起来，就是一部《汉语大词典》。"我终于明白：我们今天编写的每一个词条，就是《汉语大词典》浩浩长卷的每一块砖，每一片瓦。词条的质量如何，直接影响到整个大词典的质量。思想认识提高了，劲头也重新鼓起来了。我以更加饱满的热情和科学研究的态度对待自己的工作。

我所熟悉的相隆本同志是《汉语大词典》编委，第三卷副主编，第一、第二、第三卷负责定稿的编纂委员。他在完成任务后，继续参加

《汉语大词典简编》的编辑工作，深得罗老的器重和关爱。他尊重、爱戴罗老，二人结下深厚的友谊。每当我向相隆本老师询问《汉语大词典》进展情况时，他总向我谈一些罗老关于编纂工作的政策性意见。他说罗老是位知识渊博、品德高尚的人，特别尊重知识、尊重知识分子。罗老说，中国知识分子好，靠得住、信得过，一定能编好这部词典。这些话极大地鼓舞了编辑人员。相隆本是位不顾家庭困难、不计个人得失、一心扑在编写工作上的中年骨干。他从不提个人私事，却常常反映其他编写人员的工作和生活情况，引起罗老的重视。比如，评定职称问题，《汉语大词典》的编纂费力大、耗时久，且出版工程繁巨，只能采取分卷出版的办法。参编人员短期内见不到自己的编纂成果，给参评职称带来诸多不便。罗老因此督促有关部门为参编人员及时颁发了《汉语大词典》工作证书，并向有关单位和学校正式确认《汉语大词典》署名的编纂人员名单，作为评定职称的依据。再如，罗老得知刘俊一教授户口在曲阜，家在青岛，人却在上海工作时，十分关切，立即写信给山东省的教育部门，最终帮助解决了这一"老大难"问题，为刘教授顺利完成任务解除了后顾之忧。相隆本自己多年做编审工作，却得不到相应的职称，又是罗老亲自致信给山东有关部门负责人反映情况，使其在退休前得以晋升正高职。

1994 年 5 月 10 日，北京隆重举行《汉语大词典》庆功会。相隆本参加会后，给我送来了由国家新闻出版署颁发的《汉语大词典》荣誉证书，讲述了罗老抱病出席庆典，受到党和国家领导人江泽民、李鹏等接见时的盛况和罗老十分钟的发言。讲到罗老送编纂人员代表到大会堂门口，伫立良久、挥手依依惜别的情景，真是感人肺腑、催人泪下。当老相（我这样称呼他）再次忆起罗老"我既然接受了中央的这一重托，我将尽余生之力拼死为之"的誓言时，我想起林则徐"苟利国家生死以，岂因祸福避趋之"的诗句。不同的是林则徐未能领导人民取得抗英胜利，而罗竹风则看到了《汉语大词典》皇皇十二卷的出版，给这项艰巨的工作画上了一个圆满的句号。

《汉语大词典》编委、三卷副主编——刘俊一教授

刘俊一教授原任《汉语大词典》曲阜师院编写组业务组长，主持词目选择制卡和词条初稿的初审、复审工作，后调至上海编委会，任编委和第三卷分主编，参加了编纂工作的全过程，到第三卷出版时已年逾花甲。我在他的指导下从事选词制卡和编写词目释文工作，深受教益，至今难忘。

1958年，刘俊一从东北师范大学汉语语言专业硕士毕业后来曲阜师院做了一名教师。他的妻子在青岛工作，二人长期两地分居，很想调往青岛团聚，然而《汉语大词典》的编写任务下达后，领导安排他主持曲阜师院编写组的工作。他一听是周总理批准的项目，就痛快答应留下来，宁肯付出十年心血，也要编好这部大书，为民族争光。十几年间，他不顾家庭困难，一心扑在《汉语大词典》编纂工作上。1977年9月青岛会议期间，我曾到过他在青岛的家：老少三代住在一居室中，岳母住过道，女儿晚上竟然睡在壁橱中，那种情景至今想起心里仍不是滋味。20世纪80年代初，学校建了新房，他因孤身一人在曲阜，所以只分到一居室。当我获悉青岛教育学院可以"进人"时，立即转告于他。他很高兴，认为时机来了。但谈何容易！后来他又被调往上海编纂处，全家团圆之日又拖了下来。在他身上充分表现出中国知识分子的献身精神。

当初，临沂分组刚刚建立，无人知道工作如何展开。他及时从曲阜赶来，一住十多天，不辞辛苦地为我们示范怎样从古籍中选词制卡，先

把我教会了。为了保证质量，他又把各分组的人集中到曲阜，带上自制卡片，互相检查，发现不合格的资料卡，责令去掉或重做，从而使各分组与总组在三年内一起按时保质保量地完成了任务。

进入编写阶段后，编写队伍也进行了重整和充实。作为审稿人，他严格要求、紧紧把关，对每个词条进行初审、复审。从他为我修改的词条中，可以看出他一丝不苟的工作精神和令人叹服的专业水平。如今我已年近八旬，却依然难以忘记我们共同工作拼搏的六年时光，难以忘怀这位良师益友。

时光如梭，往事如昨，这些先辈和同事们的献身精神和不朽业绩，常常使我落泪，催我奋进。我相信，祖国和人民不会忘记他们，广大读者更不会忘记他们！

荣氏一门的百年辉煌

———

金宝山

19 世纪末，江苏无锡城内荣巷，诞生了后来成为"中国民族资本第一户"的荣宗敬、荣德生兄弟。荣氏祖先世代务农，勤劳致富。熙字辈分家后，按照年龄长幼，分为"上荣""中荣""下荣"。近期，笔者与荣氏后人（"中荣"一脉）作了访谈，她向我讲述了出身草根的荣宗敬、荣德生创业史及其后代继承上辈事业所走过的艰难而辉煌的历程。

白手起家

荣宗敬又名宗锦，晚号锦园。清同治十二年（1873）出生。其父荣熙泰思想开明，认为在乡下种田无甚前途，送时年 13 岁的荣宗敬到上海一家铁锚厂做学徒，不久转入钱庄习业，后来又当了"跑街先生"（推销商品），开始了他的从商生涯。

荣德生，原名宗铨，号乐农，光绪二年（1876）出生，江苏无锡人。他比兄长荣宗敬小 3 岁，长到 4 岁还不会说话，5 岁才开始习语。

1889 年，他 14 岁时也到上海闯世界，在通顺钱庄做学徒。

荣德生在钱庄习业三年，受益匪浅。一把铁算盘，一手好书法，满腹金融知识，为以后拓展企业打下了基础。19 世纪末，他远赴广东谋生。在广州码头，他看见英国轮船运来的面粉，马上想到："我们何不创办中国人自己的面粉厂呢?" 1900 年夏，荣德生离职回家，他把上述想法说给荣宗敬听，得到其支持。两人发誓：一定要创办比洋人还要好、还要大的面粉厂。

经过调查研究后，兄弟俩认为：由于北方局势动乱，其他行业生意清淡，唯独面粉销路颇佳。看准了市场行情，两人拿出全部积蓄，又向亲友借贷；同时邀约荣德生在广东抽税局任职时的上级、曾任该局总办的朱仲甫，请他出股金 15000 元，荣氏兄弟出 6000 元，其他部分招股，共集资 3 万银元，在无锡建造了"保兴面粉厂"，购买从法国进口的四台粉机石磨。1902 年 3 月 17 日，保兴面粉厂开机生产。朱仲甫任总经理，荣德生任经理，荣宗敬任批发经理，发挥他当过"跑街先生"的才能。

朱仲甫因南下重新做官，抽走股金，荣氏兄弟成为"保兴"最大的控股股东，又相继开设茂新、福新面粉厂。至 1922 年，荣氏兄弟已拥有 12 家面粉厂和振新、申新 4 家纱厂（后来纱厂增至 13 家），获得了"面粉大王"和"棉纱大王"的称号。

荣氏兄弟为了创造名牌产品，荣宗敬、荣德生兄弟将商标视为本企业的"金字招牌"。1923 年 8 月 29 日，他俩先后向无锡、上海地方政府申请注册茂新、福新两家面粉公司的商标。商标为"兵船"牌，寓意"振兴中华，以牙还牙（对付帝国主义侵略）"。这是中国第一个注册商标。按照面粉等级，将商标分为绿、红、蓝、黑四个等级，绿色表明面粉质量最佳。"兵船"牌商标含有"实业救国"的思想，享誉海内外，是上海面粉交易所的标准粉，吸引了全国各地顾客。

在荣宗敬、荣德生的创业精神鼓舞下，荣氏家族其他人创办了许多工业企业，确立了荣氏家族在发展中国民族工业中的历史地位。

百折不挠

1925 年，荣氏不满帝国主义对学生、工人的迫害，决定本公司所属工厂企业参加"五卅"罢市斗争。1927 年 4 月 18 日，南京国民政府成立后，荣氏拒绝认购江海关二五附税库券。蒋介石接到报告，以"与军阀孙传芳勾结"的罪名，下令通缉荣宗敬，并查封其财产。此事最终经国民党元老吴稚晖等斡旋而告和解。

1932 年 1 月，日军大肆进攻上海。荣氏兄弟创办的申新公司所属七家工厂先后关闭停工，债台高筑，处境十分危急。全部资产为 6800 万元的申新公司，负债却超过了 6300 万元。1934 年 6 月到期的向钱庄应付款达 500 多万元。荣德生以面粉厂、棉纺厂的股票和存款作担保，向中国银行、上海银行借款 500 万元，以解燃眉之急。中国、上海两家银行在付过 280 万元后，于 7 月 4 日拒绝交付余额 220 万元。申新总公司在这一天宣告"搁浅"。

荣氏兄弟曾通过各种关系，多次上书国民政府首脑人物，希望得到政府的救济。出乎意料，以陈公博为首的实业部及棉统会等派出官员，到申新进行调查，最后竟提出一份所谓的"整理"申新的方案。根据这个方案，由政府召集债权人组织临时管理委员会，经营申新现有的 9 家纱厂。经营期间，由政府供给 300 万元为营运资本。六个月结束，所有盈余或亏损，并入公司债务债权。

陈公博的上述"方案"，是以"整理"为名掠夺荣家的申新。荣氏兄弟气愤地说："实业部想拿 300 万元来夺取我八九千万元的基业，我们拼死也要同他们弄个明白！"

陈公博的阴谋引起全国棉纺业界的义愤，很多同行纷纷致电国民政府，表示强烈的抗议和反对。迫于社会舆论压力，"整理"方案流产，荣氏兄弟以顽强的毅力保住了申新。

"七七事变"仅一个月后，敌我双方军队在申新五厂附近激烈交战。三个月的上海激战，设在无锡、济南两地的茂新、申新各厂均遭到严重破坏。1937 年 12 月 8 日，日军占领无锡后，抢走了茂新一厂的四万多袋面粉，茂新二厂的数万包小麦、面粉也被抢劫一空。申新三厂因曾为抗日将士制造军服军布，被日军放火烧了工场和仓库栈房。上海、无锡申新八家纱厂中，有六家被日军委托日商纱厂接管，只有租界内的申二、申九还能照常经营。

抗战时期，虽然企业损失惨重，但荣宗敬、荣德生兄弟坚决不与日伪合作。荣宗敬留守上海，利用公共租界坚持生产。1937 年 11 月，日军在上海金山卫登陆，荣德生逃难到汉口。他未随国民政府入川，于1938 年 6 月取道香港，重返上海。

在工厂损失大半的情况下，荣宗敬无奈移居香港。1938 年 2 月 10日，他因脑溢血症复发医治无效，与世长辞，享年 65 岁。荣德生悲痛万分，流着眼泪对子孙们说："吾荣家事业之大，实由兄主持，才有此成就。家兄一生事业，非持有充实之资本，乃持有充实之精神。精神为立业之本，此乃最大的财富！"

1941 年，汪伪"外交部"派员与荣德生商谈，要他将申新一厂、八厂卖予日本丰田纱厂，当即遭到荣严词拒绝。褚民谊只得亲自来沪，在国际饭店邀请荣德生面谈。荣德生派其子荣毅仁代往，说明其父不变初衷，绝不出卖工厂和人格。褚民谊威胁说："不要敬酒不吃吃罚酒！"荣德生闻言，凛然言到："我宁可玉碎，不为瓦全。"褚民谊碰了一鼻子灰，悻悻返回南京。

两次遭绑

20世纪30年代，荣德生第一次遭绑架。家属找薛明剑（孙冶方之兄）出面救人。荣家与薛家在无锡是最有实力的两家。薛代表青帮与绑匪谈判，最后将人救出。

抗战刚刚胜利，荣德生又一次遭到绑架，损失款项达百万美元之巨。

1946年4月25日清晨，荣德生像往常一样，走出位于上海高恩路18弄20号（今高安路）住宅大门，准备去上班。突然，几个自称"国军第三方面军"的人冲将过来，将荣德生架住，拖进一辆挂着淞沪警备司令部牌号的黑色轿车。

当日中午，荣德生家里接到一个匿名电话："拿50万美元来赎人，否则我们就不客气，你们来收尸吧！"

舆论哗然，各界传言：这次绑票是军方与匪徒串通作案，当局不应不管。荣家如数交出了赎金。荣德生回到家里，愤愤不平，写信向国民党最高当局告状，希望尽快破案。蒋介石闻讯，感到此事影响极大，当即命令军统和上海军警共同派人侦查。

毛人凤派人赶到上海秘密调查，发现该淞沪警备司令部一个小头头一夜暴富，穿上了进口毛料的西服，还买了一辆高级轿车。侦破人员当即将他拘押，严刑拷问，那人受刑不过，只好交代了绑架荣德生的来龙去脉：原来，他早就盯上了荣德生，经过周密策划，请一批绑匪化装成国民党第三方面军的官兵，开着他提供的一辆轿车，对荣德生实施了绑架。蒋介石非常恼火，下令枪决匪首八人。

荣德生为了酬谢军警当局和有关方面，先后付出60万美元，超过绑匪索要的赎金 10 万美元。荣德生叹口气说："早知如此，还是不请人破案为好。"国民党腐败透顶，令荣德生恨之入骨，但又无可奈何。

荣德生被绑架勒索赎金，荣宗敬的长子荣鸿元被安上所谓"私套外汇"的罪名，遭到逮捕关押。这些痛苦的境遇，都为荣德生主动留在大陆埋下了伏笔。

迎接光明

解放军即将兵临上海城下，亲朋好友劝说荣德生："共产党要打来了，你是中国最大的资本家，难逃厄运，你的大哥在香港有纱厂，你还是出走香港为好。"荣德生却说："我生平未做恶事，从未危害共产党，也未与国民党有牵连，焉用逃往香港？共产党总不可能比国民党坏吧！"

荣德生与其子荣毅仁作出了明智的选择，留在上海。当时荣氏在大陆的资产有多少已经不重要，对新建立政权的共产党来说，荣氏是一个标志，对稳定工商界是一个强有力的信号。中华人民共和国成立后，荣德生任华东军政委员会委员、苏南行政公署副主任、全国政协委员。1952 年病逝，享年 77 岁。

解放战争后期，荣氏家族许多成员已经转移到广州、香港、台湾及海外。到 1949 年，留在内地的荣氏企业已经被抽走大量资金和设备。由于长子荣伟仁、三子荣伊仁和六子荣纪仁已经去世，荣德生此时可以依靠的就剩下四子荣毅仁。荣德生是最坚定要留下的人，1948 年底，迁厂风声更盛。他要求将申新一厂、三厂、五厂各厂决定迁往广州、台湾、香港各地的设备、物资一律运往上海。上海解放前夕，他制止将申新工厂机器拆迁台湾，与工人一起护厂迎接解放。听从父命，最终荣毅仁又将妻儿接回上海。

荣毅仁，1916 年 5 月出生于江苏无锡，自幼受到良好的新式教育。

1933 年，他考入了上海圣约翰大学（美国基督教会在中国所办的老牌教会学校）攻读历史。

1931 年"九一八"事变后，日军步步入侵中国，对荣毅仁刺激很深。他有一颗热爱祖国的心和不甘屈服的灵魂。1937 年，荣毅仁大学毕业，他激动地对同窗好友说："我们年轻学子应该去追求光明、追求真理，立志报效祖国和人民。我父亲和伯父都是经营实业的，我想我还是走'实业救国'的道路为好。"

荣毅仁回到了故乡无锡。家里中堂挂着父亲手写的条幅："立上等愿，结中等缘，享下等福。"这是父亲一生的座右铭，他也要把这三句话作为自己的座右铭。他弃文从商，最初从底层做起，在无锡荣氏企业茂新面粉公司任经理助理。荣德生对他言传身教，使他逐渐掌握并具备了经营管理的才能。

1949 年 6 月 2 日，上海解放仅一周，时任上海市军管会主任、上海市市长的陈毅在外滩中国银行大楼首次邀请上海产业界人士座谈，荣毅仁名列其中。

1950 年年初，全国政协召开一届二次会议。会前，毛泽东主席宴请参加会议的部分民主人士，荣毅仁也在被邀之列。周恩来总理见到时年 34 岁的荣毅仁，诙谐地说他是中国民族资本家的"少壮派"。宴会上，毛泽东紧紧握住荣毅仁的手说："荣先生，你来了，你好!"短短几句话，使荣毅仁心里感到热乎乎的。

宴会上，毛主席特别讲到："谁为人民做了好事，人民是不会忘记他的。"这句话给荣毅仁留下了终生难忘的印象。

在"五反"运动中，陈毅将荣毅仁划分为"基本守法户"。上报中央时，毛泽东大笔一挥，改为"完全守法户"。就这样，荣毅仁安然度过了"五反"。

"五反"之后，继去世的荣德生后接任荣氏大陆企业掌门人的荣毅仁作出了一个重大的决定：将荣氏各地的企业悉数申请公私合营！

1956 年 1 月，毛泽东到上海视察工作。他在参观完江南造船厂研制的第一艘潜艇后，便前往申新九厂视察。这是毛泽东在上海前后几十次视察中，唯一视察过的公私合营工厂。一下车，毛泽东就同荣毅仁握手，风趣地说："你不是要我到厂里来看看吗？今天我来了。"

听了毛泽东的话，荣毅仁激动得一句话也说不出来，暗暗发誓，今后一定要全力以赴地干事业，来报答祖国对自己的关爱。

1956 年底，由毛泽东建议，推荐荣毅仁出任上海市副市长，1957 年就职。毛泽东说过，荣家是中国民族资本家的首户，荣家现在把全部产业都拿出来和国家合营了，在国内外起了很大影响。怎样把合营企业搞好，上海要创造经验，从荣家推选出代表人物参与市政府的领导，就十分必要了。1957 年，荣毅仁当选上海市副市长，从商人跨入高官行列。

"文革"对荣氏而言是一次跌入谷底的痛苦体验。荣毅仁被抄没家产，成为"无产者"，但荣毅仁却对妻儿说："这只是生活中的一点曲折，要坚强、要看实质，挺过去总会有出头之日的。"

改革先锋

1979 年 1 月，邓小平点将，要求荣毅仁"出山"，并允诺荣毅仁可以全权负责他主持的单位。与荣毅仁素来交好的叶剑英曾经说："你（共产党）说要开放，要引进外国资金，人家不一定相信你，人家要看一看你的政策怎么样。荣毅仁在国际上有知名度，家族中又有很多人在国外，利用他在国际上的影响，利用荣氏家族的优势，由他出面先吸引一部分人来投资，然后吸引更多的外资。荣毅仁的这个优势别人代替不了，共产党员代替不了，由他出面比较好。"

同年10月，直属国务院的中国国际信托投资公司（以下简称中信）成立。荣毅仁出任中信董事长兼总经理，他动用自己的人际关系，广罗海内外的精英人物，甚至请到美国前国务卿基辛格做中信的顾问。

按照国务院批准的公司章程，中信初期注册资本是2亿元（1982年2月改为6亿元），由国家财政分期拨足（至1984年共拨1亿元，以后再未拨给现金）。荣毅仁个人的存款供给公司1000万元，只能算是借贷，不能看作投资，因此荣毅仁在中信并不拥有股份。

荣毅仁不负邓小平等中央领导的期望，扬自己熟悉商品经济之长，以非凡的才干和胆识，把最初只有十几个人的中信，发展成近3万人、总资产达507亿元的大企业集团。10年时间，荣毅仁领导的中信为我国树立了最好的对外开放形象。1993年，第八届全国人民代表大会上，荣毅仁当选国家副主席。这个仪表堂堂、衣冠楚楚的人，几乎成了中国对外开放的晴雨表和一个重要的象征。2005年10月26日荣毅仁病逝北京，享年89岁。

荣氏家族命运的又一个转折点是中信的成立。这个公司不仅让荣毅仁重新成为"荣老板"，实际上也是荣毅仁真正创立自己事业的开始，同时还成为父子两代首富交接的地方。

荣毅仁独子荣智健，1942年出生于上海。他长到十六七岁时，作为公私合营中资方的下一代仍然可以享受高股息带来的优越生活。他在南洋模范中学读书，经常请同学们去国际饭店、红房子吃饭，阔绰大方。在天津大学电子工程系读书的荣智健也过着很优越的生活："生活比在家里时候要艰苦、严格得多，可是我却有条件请大伙儿吃饭，上学校小食堂吃顿排骨，虽然贵一点，只要有钱，还是可以吃到的。因此，我在同学们的眼中显然是一颗明珠。"他上大学的时候已经是棒球好手，几乎达到了职业棒球运动员的水平。

"文革"来临，荣智健在大学毕业后被分配到四川凉山彝族自治州一个水电站接受"劳动教育"：干抬路轨、搬大石、背烧焊用的氧气瓶上山下山、高空安装电缆等活。

1978 年，在遭逢了"文革"大变，下放劳动八年之后，36 岁的荣智健办了单程证只身前往香港，准备和香港荣宗敬的后人（堂兄弟荣智鑫、荣智谦）会面。当时荣智健的手上戴着"柏达翡丽"的手表。这个细节令他的香港亲戚们惊讶——大陆荣氏的奢华程度并不亚于他们。

作为荣氏第三代传人的荣智健虽出身名门，但他身上没有一点纨绔子弟的习气，而是勤勤恳恳、踏踏实实地创业。到了香港，堂弟荣智谦劝他先到国外去深造，学成之后再来香港创业。荣智健不以为然，他说："从商从政的人，明白世界在变，天下没有一成不变的道理。他们懂得借助别人的长处，糅合以为己用，这才是真正的本领。你我的祖辈文化都不高，但他俩都胸有大志，又勤奋肯干，在实践中学，掌握了经营的门道，干出了一番大事业！"听了荣智健的话，堂兄荣智鑫也有同感。他和其弟与荣智健联手创业，开办了电子厂。

荣毅仁 1949 年后在香港还留有一些资产，主要是当初在香港开办纺织厂的股份，如九龙纱厂、南洋纱厂，荣毅仁都占有一定的股份，30多年没有动用过这些股息和分红。这笔财产不是一个小数目，这也就成了荣智健在香港立足的资本。1980 年，荣智健开办的爱卡电子厂的效益有了明显的提高，在香港电子行业中首屈一指，其85%以上的产品供出口外销。在美国拿回的订单，1980 年比 1979 年翻了一番，经营前景十分喜人。

从 1985 年起，荣智健开始辅助荣毅仁在中信的工作。1986 年下半年，中信发出加盟邀请，荣智健正式出任中信香港副董事长兼总经理。

1987 年 2 月，中信香港改组，荣智健成为中信香港的主要决策者，1996年更成为中信香港第二大股东（第一大股东一直为北京中信）。

1978 年，荣智健从不到 100 万港元起家，发展到 1984 年拥有个人资产达 4 亿港元，他现在控制的上市公司中信富泰的市值达 300 多亿港元。香港刊物称荣智健为"亿万新富"，"已成为香港华资巨头之一"。

荣家的第四代是"明"字辈。荣智健的儿女荣明杰和荣明方如今都是中信富泰的董事，已然崭露头角。

忠贞爱国　越崎人生

——纪念工矿泰斗孙越崎先生诞辰 120 周年

孙叔涵　朱丕荣[*]

胸怀工业救国、振兴中华的大志

孙越崎 1893 年 10 月 16 日出生于浙江省绍兴县同康村。那时候的中国处于半封建半殖民地社会，国家深受欺压、民族饱受苦难。他少年就读于私塾，勤奋好学，努力上进，立志要以工业救国、科技兴国。1909年他考进县简易师范学校，1913 年考入上海复旦公学。1915 年 5 月，日本帝国强迫袁世凯政府接受"二十一条"不平等条约，全国民众愤怒反抗。孙越崎愤而把原名"毓麒"改为"越崎"，表达对国家与民族的担忧，企盼早日能越过崎岖而达康庄。

1917 年春，他考入天津北洋大学矿冶系。1919 年五四运动时，他任北洋大学学生会会长，支持北平学生反帝反封建的爱国民主运动，后

* 作者孙叔涵为孙越崎之女，朱丕荣为孙淑涵爱人。

因拒写悔过书而被校方开除。后经蔡元培先生帮助转入北京大学矿冶系学习。1921 年毕业后，在父亲的动员下，他北上哈尔滨，决心干一番实业。

　　1924 年年初，孙越崎应聘参加创办中俄官商合办的穆棱煤矿。他经历了探矿、建井、经营和铁路勘察建设等全过程，工作五年，表现突出，成绩显著。为了继续深造，1929 年他辞职去美国留学，先后在斯坦福大学和哥伦比亚大学研究生院进修，不求学位，只想多学科学知识和办矿本领，更好地为祖国工矿事业服务。1932 年他学成后取道英、法、德国和苏联回国，沿途用心考察工矿企业，颇有收获，为今后的工作打下了坚实基础。

孙越崎（1893—1995）

现代煤炭工业奠基人之一

　　孙越崎从 20 世纪 20 年代开始参加创办东北穆棱煤矿、接办河南焦作中福煤矿，抗日战争爆发后开办湖南湘潭煤矿和四川天府、嘉阳、威远、石燕等煤矿，1952 年后经管河北开滦煤矿，1981 年起担任国家煤炭工业部顾问，从事煤炭工业前后长达 60 多年，是我国煤炭工业的奠基人之一。

1923 年，他在唯一较为现代化的穆棱煤矿担任探矿队长、工程师，经常在冰天雪地、深山老林、土匪和野兽出没的地区奔波，勤奋从事勘探、测量、修路等野外工作，一年后升任矿务股股长兼机械工程股长，与俄方人员分别负责开打竖井，工作很快赶上俄方人员，随即被提升为路矿事务所所长。该矿五年内产量由不到 10 万吨增加到 30 多万吨，年盈利达 50 万元以上，带动了当地经济的发展。著名地质学家翁文灏曾到该矿考察，他对孙越崎的刻苦努力、才能和贡献大为赞赏。

1934 年冬，孙越崎被翁文灏从国防设计委员会调到河南焦作，担任中英合办的中福煤矿总工程师、整理专员、总经理等职。该矿当时是河南省最大的企业，因厂方经营不力，管理不善，亏损严重。为此，英方通过蒋介石要求进行整顿。蒋介石派当时国防设计委员会秘书长兼地质调查所所长翁文灏前去整顿，翁文灏则带孙越崎随去执行。翁因工作繁忙，只在矿逗留一个月，即由孙越崎代理一切事务。孙越崎在调查研究的基础上制订了整顿方案，经翁文灏同意后，采取精简机构、整顿工程、调整采掘比例、进行回采、改善经营管理等措施，1935 年就把面临破产的中福煤矿迅速扭亏为盈，煤炭产量、运销均超过 100 万吨，盈利达 208 万元，获得了国内和英方的好评。

1937 年抗日战争爆发后，孙越崎为了保护矿业资产和人才不被日敌占用，以坚定的态度，力排中外董事的非议和当地党政的阻挠，冒着生命危险，想方设法指挥拆迁设备、转移人员，紧急把中福煤矿整体迁移到四川后方。部分设备曾暂先运到湖南湘潭煤矿，不到一年，一并运往四川。1938 年 3 月，他与实业家卢作孚先生合作，在运输困难和日军飞机轰炸的情况下，把中福煤矿设备、人员全部抢运到四川重庆，改造天府煤矿，卢作孚任董事长，孙越崎任总经理，把天府煤矿从原始生产方式改建成了一个现代化煤矿，供应当时陪都重庆所需用煤的一半以上。接着利用中福煤矿的设备和人员在四川后方新建了嘉阳、威远、石燕等煤矿，均由孙越崎任总经理，统一领导。这对于增强后方能源供应，支援抗日战争起了重要作用。

孙越崎在中福煤矿任总经理时，兼任焦作工学院的常务董事。随着煤矿内迁，他把焦作工学院也整体先后内迁至西安、天水、城固等地继续办学，后与北洋工学院、北平大学工学院、东北大学工学院合并，组成国立西北工学院，承担培养高级工业技术人才的任务。

中华人民共和国成立后，1952 年 11 月，孙越崎由中央人民政府财政经济委员会计划局调到河北省唐山开滦煤矿管理处任第三副主任，主管下辖五个矿的技术改造和煤矿基本建设工作，直到唐山地震后负伤返回北京。1981 年，他被任命为煤炭工业部顾问，十多年中，他深入山东、内蒙古、河北、江苏等地调查研究，对合理开发利用煤炭资源、北京发展燃气化战略以及制定煤炭法规等问题，提出了有益建议，得到了中央领导的重视和采纳。

中国石油工业创始人之一

孙越崎早在美国留学时，就曾到休士敦、洛杉矶等地油矿考察实习。1933 年他在国防设计委员会矿室工作时，就到陕北地区调查、勘察石油资源。1934 年春，他担任陕北油矿勘探处处长，从美德两国进口两套钻机设备，用车、船、马拉、人抬等方式，把 100 多吨的机械运往陕北延安。他组织了 100 多人的钻井队伍，终于在那里打出了油井。

抗日战争前，中国石油依靠进口，抗战爆发后，沿海被日军占领封锁，石油进口来源断绝，用油奇缺。1938 年国民政府决定要在甘肃玉门勘探石油。1939 年，在玉门成功地打出了石油，1941 年甘肃油矿局成立，孙越崎被任命为总经理，负责开发创办玉门油矿。当时从美国订购了一批石油生产、煤油、储油等设备，但在运来中国途中，因太平洋战争，大部分设备在缅甸被日军炸毁。孙越崎果断决定，立足国内，自力更生，在重庆组织力量自己设计制造，同时抢运来损失的设备器材。他亲自为玉门油矿物色人才，选用了一批留学生，并聘请外国专家、派青年技术人员去国外学习培训。他还组织建立了 500 辆汽车的庞大运输队伍，从重庆到玉门 2500 公里沿途设站，运输物资器材和石油产品。在荒漠的戈壁滩上，艰苦创建矿区、农场、宿舍、医院、学校等设施，改善物质文化生活条件，使职工安居乐业，还专门引进女青年职工，解决男青年技术人员的婚姻问题。到 1942 年 11 月中旬，玉门油矿就实现了生产 180 万加仑（5000 多吨）的石油生产任务。1941—1946 年间全矿共生产原油达 31 万吨，有力地支援了抗日战争，也培养了一批石油工业人才，为中国石油工业发展打下了基础。

由于孙越崎在抗日大后方开发煤炭石油工业取得了突出成就，他获得了 1942 年中国工程师学会第 11 届年会颁发的金质奖章。这是继凌鸿勋、侯德榜、茅以升之后的第四枚奖章获得者。孙越崎被称为"中国煤油大王"。1942 年秋，蒋介石去玉门油矿视察，对油田成就和孙越崎艰苦创业的精神大加赞扬，从此对他逐步提拔重用。

策划把旧资源委员会厂矿企业人员完整地移交给新中国

1947 年 5 月，孙越崎先后被任命为国民政府资源委员会副委员长、委员长。这个委员会管辖着全国重工业、矿业、电力、制糖、造纸、化工等国有企业，有 121 个总公司 1000 多个大中型企业和若干勘察设计院、研究所和地质调查等单位，有 3.2 万多名技术管理人员，其中 40%以上是大学生；有 3000 多名留学的高级技术人才；有 70 多万名工人，其中 20 多万名是技术工人。

在解放战争不断进展中，孙越崎认清局势，为了保护中华民族仅有的一点工业家底，防止国民党的破坏和拆迁去台湾，力争要完整地移交给中国共产党，1948 年 10 月，他借国民党社会部在南京召开全国工业总会成立大会的机会，把参加会议的资委会外地厂矿企业负责人和机关本部的一些负责人 40 多人召集一起，在机关内开秘密会议。会上，他分析局势，认定共产党必胜，动员大家留在大陆，部署"坚守岗位，保护资产，迎接解放，办理移交"的决策，让与会人员回去内部传达并作好具体安排，安定人心，获得大家的理解赞同和热烈响应。会后，大家冒着风险，护产护厂，拒迁台湾，最终资源委员会的全部设备、物资、财产、人员、档案等完整地移交给了人民解放军。这是在国民政府机构中唯一完整移交的文职单位，在解放接管时受到了陈毅司令员的特别表扬。

在国民党败退前，1948 年 12 月的一天，蒋介石召见孙越崎，要他把南京地区五个工厂（电照厂、无线电厂、有线电厂、电瓷厂和马鞍山机械厂）迁往台湾。孙越崎以经费与运输等困难为由推辞，但蒋介石态度坚决，限 1949 年 1 月 11 日前迁出南京，装运台湾。孙越崎一再应付拖延，假拆不迁，停滞码头。待蒋介石下野后，他又积极争取李宗仁代总统支持不迁，但蒋介石仍命令京沪杭警备总司令汤恩伯继续督促孙越崎拆迁。孙越崎冒着极大的生命危险，强调没有车船，敷衍应付，终因局势发展迅速，汤恩伯急于撤退逃离顾不上再追查，南京五厂最终得以停迁，保留下来。

1949 年 4 月下旬，孙越崎赴上海安排好资源委员会迎接解放的工作后，为掩护资委会不迁广州，他自己去广州向国民政府行政院院长何应钦报到，并抓紧时机，向华中、华南、西南待解放区的资委会厂矿企业发放应变维持经费。5 月底，孙越崎辞职，脱离国民政府逃往香港。他在香港策划了资委会国外贸易事务所起义，把价值数百万美元的稀有金属矿产品移交给了人民政府。

1949 年 11 月初，孙越崎在中共香港组织的帮助下，从香港乘船返回大陆，到北京参加人民政府工作，受到周恩来总理的欢迎。在海途中，国民党军曾派四艘舰艇追捕孙越崎，因船长机警改道行驶，使军舰截错了船只，孙越崎幸免于难。

参政议政，为新中国社会主义建设服务

孙越崎抵北京后，被分配到中央人民政府财政经济委员会计划局任副局长，主管基本建设、天然资源和轻工业。他负责制定了《基本建设工作程序暂行办法》，强调施工必须先设计的原则。1952 年机构改革，他被调到河北唐山开滦煤矿工作。以后一个政治运动接着一个政治运动，他成为被审查对象，工作靠边站。"文革"中，他受到迫害，但他坚信自己光明磊落，清正廉洁，相信党会实事求是。1973 年，组织上终于宣布对他解除隔离审查，从此他恢复自由。他很乐观地用补发的工资，带着老伴去祖国各地畅游。1976 年 7 月唐山大地震，他与老伴从废墟中被救出，回京养伤，又获得了党的关怀和重用。

孙越崎高度关心祖国统一大业，做了大量对台工作。他曾劝说国民政府行政院原院长翁文灏先生回归大陆；经常通过广播、报刊媒体对台宣传新中国建设成就、和平统一政策，呼吁两岸开展经济合作，互助互利、共同发展。"文革"结束后，他经常接待台湾来访的亲朋好友，认真做对外联谊工作，并为全国政协撰写文史资料。

20 世纪 80 年代，孙越琦在担任全国政协经济组组长和水电部组织的三峡工程论证的特邀顾问期间，他以对国家民族负责的态度，认真查

阅大量资料，向专家请教、实地考察、调查研究，就长江综合治理、三峡工程问题提出了不同看法和建设性意见，推进了国家重大建设项目向科学化、民主化发展。晚年他还用很大精力与时间，为原资委会人员平反昭雪，四处奔波，多方呼吁，不断向中央反映，1992 年终于得到江泽民主席亲自过问，加以妥善解决，他感到莫大的欣慰。

　　孙越崎先生一生跨过两个世纪、三个时代（晚清、中华民国、中华人民共和国），走过崎岖曲折的道路。他为振兴中华民族工业所作的不懈努力，以及忠贞不渝的爱国思想，脚踏实地的敬业精神，清廉朴素的生活作风，将与世长存。

先父、家叔与吴蕴初先生父子的往事

陈临庄

多年前一次浏览书摊，偶见一册《味精大王吴蕴初》。吴先生于我长叔陈观深有知遇提携之恩，先父陈健生与先生乔梓亦有交往合作之谊，便信手拿起翻看。读后觉得书中所涉先父、家叔与吴先生父子间有些往事的来龙去脉说得不够清楚。近来有暇，便将我所知道的先父、家叔与吴蕴初、吴志超父子间的一些往事写了出来，供读者消遣。

筹建氨厂

吴蕴初（1891—1953），江苏嘉定（今上海嘉定区）人，是我国近代化学工业一位先驱、中国味精创始人，毕生致力于发展我国化学工业，20 世纪二三十年代，在上海先后创办了天厨味精厂、天原化工厂、天盛制坛（酸碱盛器）厂、天利氮气厂，时人将其称为"四大天王"。1934 年，吴蕴初为利用天原、天利两厂生产剩余的氢气和氮气，拟在天利氮气厂内增建一个氨气厂，生产我国当时尚不能自产的液氨（阿摩尼亚），需要这方面的技术人员。

我的长叔陈观深和二叔陈汲刚与吴蕴初先生之子吴志超是上海沪江大学化学系上下届校友。观深叔父于 1932 年毕业后留在系里当助教，当他得知吴先生欲建氨厂的消息后，觉得如能到氨厂去工作，较之在学校任教，能更好地施展自己的专长，便前往求见。吴蕴初知人善任，在了解观深叔父的情况后，即聘其为氨厂主任（厂长），主持筹建氨厂。观深叔父到任后，吴筹资九万美金，从美国杜邦公司引进全套制氨设备。

1935 年 9 月，制氨设备运抵上海，观深叔父带领氨厂员工，在美国工程师指导下，仅用一个多月时间便安装完毕，并完全达到了设计标准，日产液氨四吨，为我国填补了空白。天利氨厂竣工后，吴蕴初举行了隆重的开工典礼，场面很大，各方来宾百余人。我幼年记事起，家里大客堂悬挂的几帧照片，其中一幅就是天利氨厂竣工典礼的纪念照：吴蕴初先生前列居中站立；观深叔父身着笔挺西装，斜挎一架 120 相机，满面笑容地站在左侧边端。观深叔父在天利氨厂的表现深为吴蕴初先生赏识，吴先生对之非常器重，关爱有加。

观深叔父一表人才，英俊轩昂，其时尚是单身，恰好吴蕴初的同乡好友、嘉定名绅汤致和的爱女汤寿钧正在上海晓明女中当数学教师，吴先生便为他俩作伐，结为连理。

工厂内迁

1937 年抗战爆发，日军进攻上海，吴蕴初决定把他的天字号厂子全都迁往内地。观深叔父按照吴先生的吩咐，负责天利氨厂的拆迁。氨厂位于陈家渡（今普陀区中江路）苏州河左岸的天利氮气厂内。观深叔父带领员工竭尽全力，把机器设备全部拆卸开来，其中半数安全运到了重庆，其余的因抢运不及，经吴蕴初同意，全部沉入了苏州河里。

观深叔父本应随厂撤往重庆，吴蕴初先生体谅他刚刚新婚成家，并考虑到天字号几个厂子内迁后，留沪事宜亦需有人照应，便把他留在上海，任命其为天厨味精厂襄理，主持天厨沪厂工作。

观深叔父受命留沪后，遵照吴先生的嘱托，恪尽职守，兢兢业业，不敢稍怠。天厨味精厂主要设备拆迁重庆后，生产能力锐减三分之二。1939 年，天厨沪厂自劳神父路（今合肥路）原址迁至徐虹路，月产味精三万磅，还开发出一种类似现在鲜味酱油的新产品——"酱油精"，年营业总额 84 万元。

抗战期间，观深叔父主要在天厨味精厂营业部办公，也常去沪厂车间。记得抗战后期的一个星期天，叔父带我们兄弟几个到爱多亚路（今延安东路）一家电影院去看美国新片《孽海恩仇记》，还曾到附近的天厨味精厂营业部休息过。现在我还能依稀记得，它在一幢大楼的底层，那里虽处繁华地段，写字间也很宽敞，但光线较暗，陈设非常简朴。

吴蕴初决定工厂内迁后，于 1938 年年初赴重庆，在政府划定的民营工厂区范围内，勘察选定距重庆市区 30 里许的嘉陵江北岸山坡小镇猫儿石（今猫儿石风景区），作为天原、天盛、天厨三厂的迁渝厂址。

1939 年秋，天原化工厂渝厂建成投产，可以为味精生产提供重要原料——盐酸。吴蕴初便着手兴建天厨味精厂渝厂。生产味精的另一原料——面筋，是从面粉中提取淀粉后的副产品。据天厨渝厂设计要求，每月需用面粉 1000 包。若如像在上海时那样，从市上订购面粉来加工，将会有两个问题：一是当时重庆人口剧增，粮价日涨，味精的生产成本将很高；二是不能确保届时有充足而稳定的货源。为此，吴蕴初打算自建一个日产 1000 包面粉的面粉厂，以供生产味精之需，其余的还可投入市场销售。

金城银行获知吴蕴初的想法后，便向他提出与他合办面粉厂的建议。其时，吴正在为天厨渝厂兴建资金尚无着落而发愁，所以双方一拍即合，共同商定：（1）金城银行向吴蕴初提供兴建天厨渝厂所需资金贷款。（2）金城银行与天厨渝厂合建一座日产 1000 包面粉的面粉厂，下设面粉、淀粉两个部，金城银行主持面粉部，生产面粉；天厨渝厂主持淀粉部，加工生产淀粉。（3）面粉厂之名称从"天厨""金城"两家各取一字，取名为"天城面粉厂"。双方随即签订了合同。

因为面粉部是天城面粉厂的主体部分，所以实际上由金城银行负责面粉厂的兴建工作；天厨渝厂负责协助与监督，并兴建淀粉分厂。

1940 年 7 月，天城面粉厂开始兴建。其时，金城银行方面委派的人员尚未确定，天厨渝厂方面的负责人已定为吴蕴初之子吴志超。因此，双方商定由吴志超先行操办订购制粉机器事宜。吴是搞化工的，对制粉技术比较陌生，搞了两个月，自感不能胜任，便请金城银行尽快派一位制粉专业人员前来主持面粉部，筹建天城面粉厂。

先父陈健生曾担任上海华丰面粉厂厂长多年，那是一座日产万包面粉的大型粉厂。20 世纪二三十年代父亲还曾先后受聘到南京、郑州、西安、哈尔滨为当地主持兴建面粉厂，通晓制粉技术；此时，正逃难在桂林，任资源委员会汽车修配厂厂长。经时任金城银行秘书长、父亲的表兄叶安国推荐，金城银行聘任父亲为该行驻渝专员兼天城面粉厂厂长。父亲遂于 1940 年 8 月到重庆赴任，主持筹建天城面粉厂。

父亲在沪时，因华丰面粉厂业务及观深叔父的关系，与吴蕴初先生父子相识。吴志超虽与我两位叔父是沪江大学的同学，但因父亲年岁和在实业界的资历都远长于他，故吴志超对他始终以前辈相待。父亲到天城面粉厂工作后，彼此配合得比较好。父亲首先与吴志超共同勘察，择定位于天原化工厂、天厨味精厂渝厂厂区后面一片空地为天城面粉厂厂址。这样，天城面粉厂建成后的运输将十分便捷，生产所需的小麦和所产面粉，可以从猫儿石码头上下，径直通过天原、天厨厂区，进出天城面粉厂，从而可以节省大笔运输费用。接着，父亲亲自设计、绘制厂房规划蓝图，使土建工程很快上马。由于日军的封锁，此时重庆已不能从国外进口制粉机器。父亲与金城银行信托部商量后决定，由他绘制机器图纸，就地向机器制造厂订购。不到一年，天城面粉厂便建成投产。

天城面粉厂虽为小型面粉厂，但这样做是前所未有的，比安装成套进口粉机的难度要大得多。对此，吴志超由衷地说："陈健生就职后，天城面粉厂的建设始得开展。"

矛盾涌现

1941 年冬，天城面粉厂正式投产。正在此时，金城银行与天厨渝厂的合作出现了一些矛盾。吴蕴初、吴志超认为，金城银行对面粉厂的厂房建设、机器设备购买、人员聘用、财务管理等方面独断专行，不与天厨渝厂商量；金城银行则认为，合同既然确定由己方主持面粉部，就不必事事与天厨渝厂商量。及至 1942 年 4 月，双方的矛盾发展到了不可调和的地步，终于签订了拆伙协议，确定在清理财务后，天城面粉厂全部划归金城银行；淀粉部划归天厨渝厂，双方终止合作。

对于金城银行与吴氏父子在合办天城面粉厂过程中的种种矛盾，父亲有难言的苦衷。当年金城银行聘其为天城厂长时，还同时任命了本行经理李祖芬之侄李明聪为天城厂工务科主任。父亲主要负责整体规划和技术、生产；李明聪具体承办厂房土建工程和设备、物资采购；人事安排及财务管理则由本行信托部节制。因此，父亲在这些矛盾面前无能为力，只能尽力维系自己与吴志超之间正常的工作关系和个人间的交往。对此，吴蕴初先生父子是理解的。吴志超曾说，自己对筹建天城面粉厂规划中的一些建议，得到了父亲的认可。对于后来出现的种种矛盾，则说，"陈健生担任面粉厂厂长后，面粉厂的一切事务，如厂房建设施工、设备购买、人事聘用等，全由金城银行信托部一家独自做主，根本不征求天厨渝厂的意见"，"金城银行信托部办事，完全是一副银行家的派头，大手大脚"，并没有责怪父亲。

父亲的寓所租居在距天城厂不远处一郑姓地主的宅院（当地叫郑家院子），这是一座三进院落、有后花园的明清建筑。吴志超在合作办天城面粉厂期间，或是在拆伙后的很长一段时间里，都是父亲寓所的常客，闲暇时常来打麻将。父亲为人豪爽，热情好客，吴每次来，父亲都会留他用便饭。因为他们都曾长期生活在上海，所以总是按沪地习惯，以两荤两素的四菜一汤相待。我家祖籍是浙江海宁，在秋冬时节，父亲间或会请他吃江浙风味饭食，如"菜饭"（以青菜和咸肉丁掺在米里煮成，吃时可在饭里拌少许猪油，佐以酱油汤或紫菜汤）、咸菜肉丝面（以肉、雪里蕻、鲜笋切丝作卤）、卤子面（以肉、竹笋、香菇、木耳、金针菜切丁作卤）。抗战期间，重庆生活比较艰难，但散装泸州大曲却随处可以买到，他们常常会小酌一杯。对此，身居异乡的吴志超，能在父亲这里吃到家乡饭菜，每每显得非常开心。这些逸事，多年以后我们家里有时还会谈起。

战后接收

1945 年 8 月抗战胜利，9 月 19 日，吴蕴初自重庆飞上海接收沦陷后被日军霸占的上海天原化工厂和天利氮气厂。抵沪的当天，吴先生即召见观深叔父，对其在抗战期间留沪的工作深表嘉许，商谈了接收事宜，并任命叔父为天利氮气厂接收代表（南登峰为天原化工厂接收代表）。

次日，吴蕴初以上海市接收委员会接收天原、天利两厂全权代表身份，由陈、南等陪同，向日商东亚电化株式会社负责人香川峻一郎当面下达中方接收两厂的通知，令其于 9 月 21 日 10 时前，命日军霸占两厂之负责人，分别在陈家渡天利氮气厂、白利南路（今长宁路）天原化工厂等候中方陈观深代表、南登峰代表前往接收。

9 月 21 日，叔父率相关人员准时抵达被日军占据多年的天利氮气厂。此时，过去对中国人民如狼似虎的日方人员，个个变得极为温顺，恭恭敬敬地向他呈递天利厂全部财产移交清单，由他逐一进行了点收。

接收后，叔父立即着手天利厂的复工生产，贴出复工通知，并组织失散多年的员工将天利氨厂当年因抢运不及而沉入苏州河里的制氨设备一一打捞上来，修理装配，重新投入生产，很快就使氨厂复活了。

天城倒闭

天城面粉厂自 1942 年 4 月金城银行与吴蕴初拆伙后运营了四年，其间，父亲虽与吴志超仍然维系着交往，但由于吴先生父子与金城银行结怨很深，而且天城面粉厂毕竟是金城银行的厂子，因此，天原、天厨渝厂时常给天城面粉厂出难题，使父亲很无奈。

天城厂的小麦、面粉运输均须经过天原、天厨的厂区，否则就要绕远，运输费用将要大笔增加。吴蕴初先生就抓住天城厂这个要害，向金城银行提出"天原、天厨所属之厂场道路，不能再作为天城面粉厂的通行大道，应另寻出路通道，如有困难，天厨乐意协助"，向金城银行发难，但金城银行也不肯低头就范。在这种情况下，父亲只好采取"拖"的办法，但最终也只得另辟运输道路。

天城面粉厂新辟的运输道路是从猫儿石码头上来后，绕过天原、天厨厂区，从天城厂的后门进出。这是一条崎岖山路，既绕远又难行。这就使天城面粉厂陡然增加许多运输费用，生产成本大幅提高，逐渐出现亏损。

抗战胜利后，沪渝间航运开通，1946 年 5 月，母亲携我们兄妹乘民生公司"民勤"号轮船赴重庆，与久别的父亲团聚。那时我已读初中，父亲曾带我去过天城面粉厂，此时生产仍在正常运行，根本没有想到这竟是一座濒临倒闭的厂子。1947 年年初，金城银行委任父亲为天城面粉厂副经理。起初，我们还以为父亲升职了，但父亲的心情却越来越差，常常独自默默地喝闷酒。不久，猫儿石就传出了天城面粉厂卖给天厨味精厂的消息。这时我们才知道金城银行委任父亲为天城副经理，是为了让他以这个虚职代表金城银行向吴蕴初的天厨渝厂办理天城面粉厂的移交手续。

父亲一生先后主持兴建过五座面粉厂，天城是其中最小的一个，然而却是他付出心血最多的一个，如今天城卖给了天厨，他当时的心情可想而知。金城银行聘用父亲后，一直是发给专员和厂长双份薪水的，天城厂卖出后，父亲就只领单薪了。及至 1949 年 1 月，国统区经济凋敝，金城银行复将父亲停薪留职，每月只发不随生活指数升降的 2000 元"金圆券"的夫马费。在物价狂涨的当时，这点钱如同废纸。当年 8 月，父亲抑郁病逝，时年 53 岁。

陈望道：《共产党宣言》中文全译本翻译第一人

———

李　静*

　　陈望道是上海中国共产党早期组织的成员之一，也是上海中国青年团早期组织的发起人之一，曾经为中国共产党和中国青年团的创建作出了重要贡献。

　　由于对陈独秀不满，中国共产党"二大"后陈望道退党。中华人民共和国成立后，在毛泽东的关心下，他又重回中国共产党的队伍。

邵力子力荐：能承担此任者，非杭州陈望道莫属

　　陈望道是浙江义乌人，早年毕业于金华中学，1915 年年初东渡日本留学，先后在东洋大学、早稻田大学、中央大学学习文学、哲学、法律。1919 年五四运动爆发后，陈望道从日本回国。那时，浙江一师校长经亨颐正在大刀阔斧地进行教育改革，很快，陈望道便进入浙江一师担

———

* 李静，团中央青运史档案馆副馆长、编审。

任国文教员。他和夏研尊、刘大白、李次九三位国文教员一道提倡新文学，反对旧文学；提倡白话文，反对文言文，渐成为浙江新文化运动的风云人物。他们向学生提供《新青年》《每周评论》《星期评论》《时事新报》等全国进步报刊，还鼓励学生自办刊物，鼓励学生通过刊物发出自己的声音。1919 年 11 月，俞秀松、施存统等进步学生创办了《浙江新潮》，第二期上发表的《非孝》即在社会上引起轩然大波。为此，浙江省公署和教育厅责令解聘陈望道等四名新派教员，遭经亨颐拒绝。1920 年 2 月，省教育厅利用寒假之际将经亨颐免职，由此引发了"一师风潮"。陈望道不得不选择离校。

不久，陈望道收到《民国日报》主编邵力子的来信，告其《星期评论》主编戴季陶请他翻译《共产党宣言》一事。

五四运动之后，随着马克思主义在中国的进一步传播，一些进步报刊开始介绍马克思、恩格斯的著作《共产党宣言》，但只是部分章节或片段。1848 年，马克思、恩格斯的《共产党宣言》完成后很快风靡全球，并被译成多种文字在很多国家、地区出版，但还没有一个人把它全文翻译成中译本。

在当时，戴季陶、邵力子等人的思想颇为激进。戴季陶早年留学日本时，曾购买日文版的《共产党宣言》，他极有兴趣，打算译成中文，后感到力不从心而放弃。主持五四时期宣传新思潮的重要理论刊物《星期评论》后，他又想在《星期评论》上连载《共产党宣言》，便着手物色合适的译者。

他请时任《民国日报》主编邵力子推荐人选，并提出了译者的三个条件：一是要对马克思主义学说有深入了解；二是要精通德、英、日三门外语中的一门；三是要有较高的语言文学素养。

邵力子想到了浙江同乡陈望道。陈望道曾为《民国日报》的《觉悟》副刊撰稿，文学功底深厚；留学过日本，精通日语；在日本留学期间接受了马克思主义学说。邵力子便把陈望道推荐给了戴季陶，并表示，能承担此任者非杭州陈望道莫属。听了邵力子的介绍，戴季陶也认为陈望道是难得的人选。他向陈望道提供了日文版的《共产党宣言》和李大钊从北京大学图书馆借来的英文版《共产党宣言》，供其翻译时对照。

陈望道在日本留学期间受日本社会主义者河上肇等影响，逐渐接受了马克思主义学说，所以在接到邵力子的信后欣然从命。

毛泽东说，这本书"建立起我对马克思主义的信仰"

离开喧嚣的城市，陈望道回到家乡浙江义乌分水塘村。在这个小小的村落，他开始了这部精辟地阐述共产主义基本原理和共产党建党理论经典名著的翻译工作。为了最大限度地减少外界的干扰，他的翻译工作就在家里矮小僻静的柴房里进行。每天他都会把自己关在柴房里聚精会神地翻译，白天靠着窗口透进的亮光，晚上则点上煤油灯继续。要把每一句话、每一个词都译得准确、妥帖，难度着实不小。他不时翻阅《日汉辞典》《英汉辞典》，翻阅英文版、日文版的《共产党宣言》，字斟句酌，不敢有丝毫懈怠，不多日人就累瘦了。母亲心疼儿子，有一天特意给他做了糯米粽子，外加一碟红糖。陈望道一边吃粽子，一边琢磨着翻译的句子。由于太专注，竟把砚台里的墨汁当成红糖蘸着吃了。

1920 年 4 月，下旬，陈望道完成了《共产党宣言》的翻译工作。那一年他 29 岁。正当陈望道想将翻译完的《共产党宣言》寄往上海时，收到了星期评论社邀他到上海任《星期评论》编辑的电报。陈望道愉快地带着翻译完的《共产党宣言》，告别亲人，离开家乡，来到上海。

当时，李汉俊、戴季陶、沈玄庐一起负责《星期评论》的编辑工作，是《星期评论》的"三驾马车"。李汉俊也曾留学日本，不仅熟悉马克思主义理论，而且精通日、英、德三国语言。陈望道便把《共产党宣言》译文连同日文、英文版《共产党宣言》交给李汉俊，请他校阅。李汉俊校毕，又送给当时在上海主编《新青年》的陈独秀校阅。陈独秀懂日文、英文，对马克思主义也有深入的研究。当李汉俊、陈独秀校阅了译文，又经陈望道改定准备交《星期评论》连载时，由于《星期评论》的进步倾向及影响为当局所不容被当局勒令停办了，《共产党宣言》中译本的面世暂时搁浅。

1920 年 8 月，在陈独秀的努力下，来中国帮助建立中国共产党的共产国际代表维经斯基同意资助印刷出版《共产党宣言》。8 月中旬，《共产党宣言》中译本 1000 册以社会主义研究会的名义，被列为《社会主义研究小丛书》第一种出版。由于首印时把书名《共产党宣言》错印成《共党产宣言》，9 月更正了错误，加印了 1000 册。

此后在相当长一段时间内，《共产党宣言》中译本的印数激增。到1926 年 5 月，仅平民书社就已发行到第 17 版。

《共产党宣言》中译本的问世为中国共产党的创立和发展起到了极大的推动作用。1936 年 7 月，毛泽东在延安接受美国记者埃德加·斯诺采访时说有三本书建立起他对马克思主义的信仰。这三本书是：陈望道译的《共产党宣言》，这是用中文出版的第一本马克思主义的书；考茨基著的《阶级斗争》；柯卡普著的《社会主义史》。周恩来在全国第一届文代会上，当着一些代表的面对陈望道说："我们都是你教育出来的！"邓小平也曾说过：我的入门老师是《共产党宣言》和《共产主义ABC》。

陈望道和陈独秀等向行人发贺年卡：为富不仁是盗贼，推翻财主天下悦

1920 年 4 月，陈望道到上海先是在《星期评论》任编辑，后又到《新青年》任编辑。

在上海，陈望道和李汉俊、陈独秀联系日渐多了起来。由于对马克思主义的共同信仰，建立马克思主义研究会成为他们讨论的核心问题。5 月，上海马克思主义研究会成立，成员有近十人。研究会有组织机构，陈独秀任书记，陈望道任劳工部长。上海马克思主义研究会成立后主要是组织工会和编辑刊物宣传马克思主义。在担任劳工部长期间，陈望道深入工厂组织工会，帮助建立了上海机器工会、印刷工会，以及纺织、邮电工会。上海马克思主义研究会成立后，《新青年》成为研究会的刊物。在《新青年》任编辑的陈望道通过这个刊物积极进行马克思主义的宣传。

8 月，在上海马克思主义研究会的基础上，上海共产党早期组织成立。

上海共产党早期组织成立后，《新青年》成为党的机关刊，陈望道继续协助陈独秀编辑《新青年》。12 月，陈独秀离沪赴粤就任广东省教育委员会委员长前，把编辑《新青年》的重担交给了陈望道。陈望道在《新青年》开辟了《俄罗斯研究》专栏，专门介绍苏维埃俄国的变化和成就，倡导社会主义，赞扬十月革命，鼓舞人民走俄国革命的道路。

这一时期，陈望道受党的委派参加了筹建上海社会主义青年团的工作。8 月 22 日，他和施存统、俞秀松等在法租界霞飞路新渔阳里 6 号成立了上海社会主义青年团。同时，他还经常深入沪西小沙渡路一带工人集中居住的地区，开办职工补习夜校，开展工运工作。那时的工运工作

还是启蒙性的，主要是启发和培养工人的阶级觉悟，支持工人的经济斗争。陈望道和陈独秀等在大街小巷发放贺年卡的故事曾在工人中广为流传。1921 年新年，他和陈独秀、李汉俊、李达等十七八个人来到市区的大街小巷，向行人及沿途的各家各户发放贺年卡。陈望道特意写了一首诗印在贺年卡的背面。诗的名字是《太平歌》，主要是鼓励劳苦大众起来反对剥削者的压迫：

天下要太平，劳工须团结。万恶财主铜钱多，都是劳工汗和血。谁也晓得：为富不仁是盗贼。谁也晓得：推翻财主天下悦。谁也晓得：不做工的不该吃。有工大家做，有饭大家吃，这才是共产社会太平国。

那天他们共发贺卡一万多张。人们看到贺年卡的内容便惊呼："不得了，共产主义到上海来了。"

陈望道坚持："现在陈独秀的家长作风依然如故，我如何又能取消退党呢?"

1921 年 6 月，共产国际派马林等到上海，与上海早期党组织成员陈望道、李达、李汉俊等取得联系。他们研究讨论后认为，正式成立中国共产党的条件已经成熟，应尽快召开党的全国代表大会。陈望道、李达、李汉俊与在广东的陈独秀、北京的李大钊取得联系，达成共识，决定在上海召开中国共产党第一次全国代表大会。此后，陈望道等上海共产党早期组织的成员开始了"一大"的筹备工作。

在"一大"的筹备过程中，由于经费问题，陈望道和陈独秀产生了矛盾、隔阂。起因是，李汉俊写信给陈独秀，希望新青年社出些经费作为"一大"的会议经费，出于某些考虑陈独秀没有同意。李汉俊和陈独秀闹起意见。陈独秀认为陈望道是幕后策划者，和李汉俊一起想夺他的权。陈独秀还很不冷静地散发书信，讲他的这种推测。当时在日本的施存统接到信后信以为真，迅即给李汉俊写了一封措辞激烈的信，对陈望道和李汉俊进行谴责。陈望道看到施存统的信十分气愤，认为陈独秀此举太卑鄙，坚持让陈独秀澄清事实、公开道歉，但陈独秀不肯。盛怒之下陈望道表示不参加党的"一大"了。就这样，1921 年 7 月 23 日，中国共产党第一次全国代表大会在上海召开时，参加了筹备工作、同时也被推选为上海地区一大代表的陈望道没有出席。11 月中共上海地方委员会成立，陈望道被推选为中共上海地方委员会书记。

1922 年 7 月，陈望道出席了中国共产党在上海召开的第二次全国代表大会。在这次大会上，陈独秀被推选为委员长。在陈望道眼里，陈独秀的家长制作风依然如故，他很不适应，"二大"后便提出辞去中共上海地方委员会书记职务，并提出了脱离党组织的要求。

1923 年 8 月，中共上海地方委员会第六次会议后，陈望道脱离中国共产党。之前，党组织曾派沈雁冰劝说当时要求退党的陈望道、邵力子。新中国成立后沈雁冰回忆："党组织决定派我去向陈望道、邵力子解释，请他们不要退党。结果，邵力子同意，陈望道不愿。他对我说：'你和我多年交情，你知道我的为人。我既然反对陈独秀的家长作风而要退党，现在陈独秀的家长作风依然如故，我如何又能取消退党呢？我信仰共产主义终身不变，愿为共产主义事业贡献我的力量，我在党外为党效劳，也许比在党内更方便。'"

陈望道脱党后，如自己所言，一直坚信共产主义，对党的事业仍然是忠诚的，对党交给的任务也是一心一意地去完成。1923 年的秋天，陈望道收到一张署名"知名"的条子。条子的内容是："上大请你组织，你要什么同志请开出来，请你负责。"他一看笔迹就知道是陈独秀写的，但还是毫不犹豫地接受了党交给的这一任务。实际上他对陈独秀也有过中肯的评价，中华人民共和国成立后他在和友人的谈话时曾说，陈独秀对革命工作"很有勇气，胆大，能吃苦，没有架子，也能身体力行"。

陈望道接受党的委派在上大工作了四年，上大师生不仅在1925年的五卅运动中发挥了重要作用，而且在上海工人第三次武装起义中组织了行动委员会，与工人一起并肩战斗过。1927年蒋介石发动"四一二"反革命政变后，上海大学被查封。不久，陈望道在地下党闸北小组负责人冯雪峰和夏衍的邀请下担任中华艺术大学校长一职。因为是党的召唤，陈望道又欣然前往。

1931年"九一八"事变后，陈望道积极站在了抗日救亡运动的前列。1932年，他和鲁迅、茅盾、郁达夫、叶圣陶等43人共同发表了《上海文化界告世界书》，宣告："坚决反对帝国主义瓜分中国的战争，反对强加于中国大众的任何压迫，反对中国政府的对日妥协以及压迫革命的群众。"抗日战争全面爆发后，他和韦悫、郑振铎等人组织上海文化界抗日联谊会，进行抗日救亡活动。

1941年9月，陈望道出任复旦大学训导长，1943年，担任复旦大学新闻系主任，历时八年。其间他竭尽全力保护进步学生。早在1920年9月，陈望道就应聘在复旦大学任教，1927年大革命失败时，他已是复旦大学中国文学科主任了。那时他就保护了许多共产党人、革命青年，比如共产党人夏征农到上海后，陈望道就把他安排在复旦大学中文系学习。1928年起夏征农担任了复旦大学青年团支部书记，解放后曾任中共上海市委书记、复旦大学党委第一书记。自1952年9月起，陈望道曾担任复旦大学校长25年。在任期间，他倡导学风建设，重视科学研究，关心和尊重教职员工，为教育事业和复旦大学的发展作出了重要贡献。1977年10月病危时，陈望道对看望他的市领导说："我一生教书，别无财产，只是爱好读书，唯有数千册图书，愿意全部捐献给学校图书馆。"抗战胜利后，为了反对国民党反动派的独裁、内战、卖国政策，陈望道积极参加上海地区大专院校的进步组织大学教授联谊会，不久又出任国立大学教授联合会主任。他不顾个人安危积极配合中共地下党工作，支持和保护进步学生的正义斗争。国民党在将灭亡前夕，大肆逮捕屠杀进步人士，陈望道被列入特务的黑名单。在中共地下党的保护下，他及时转移隐蔽，躲过了国民党的搜捕，最终迎来了上海的解放。"敌人反共，我必拥共、敌人反苏，我必拥苏、敌人反人民，我必拥人民"，这是陈望道脱党后一贯坚持的革命立场。

毛泽东说：陈望道什么时候想回到党内就什么时候回来

陈望道是著名的学者，是修辞学家、语言学家，他建立了我国修辞学的科学体系，同时对哲学、伦理学、文艺理论、美学等都有较深的研究。新中国成立后，陈望道担任了中国科学院哲学社会科学学部委员，国务院科学规划委员会语言组副组长，为革新语言学的研究，为繁荣和发展语言科学，为继续促进和实践语文改革运动做了许多工作。

1956 年元旦，毛泽东在上海锦江小礼堂会见陈望道。毛泽东非常关心陈望道对文法、修辞学科的研究，鼓励他继续研究下去，并说："现在许多人写文章，不讲文法，不讲修辞，也不讲逻辑。"在毛泽东的鼓励下，陈望道在复旦大学筹建了语法、修辞、逻辑研究室（后改称语言研究室）并亲自主持工作。1960 年，陈望道出任《辞海》主编，为这项新中国成立以来最大的辞书修订工作付出了大量的心血。

新中国成立后，陈望道总希望能回到中国共产党的队伍里，特别是1956 年元旦毛泽东在上海会见他后，他的这种愿望更加强烈。中共上海市委向中央汇报了陈望道重新入党的愿望。毛泽东说："陈望道什么时候想回到党内，就什么时候回来。不必写自传，不必讨论。可以不公开身份。"1957 年 6 月，陈望道重新入党，但仍以非党人士的身份参加各种活动，直到 1973 年 8 月，他作为老党员的代表参加党的"十大"才被世人所知。

文苑耆宿　译界泰斗

——敬悼杨宪益先生

———

董宝光

　　当代著名诗人、翻译家李荒芜先生和杨宪益先生在外文出版社共事多年，二人交情深厚。荒芜先生系我的父执，曾向我详谈过宪益先生的遭遇和经历。《团结报》前主笔王奇先生和宪益先生均系民革中央委员，系多年老友，王老亦系我的父执。

　　现就我所知道的宪益先生的生平事迹略作回顾，可知他老人家为人处世的高尚品德和渊博学识堪为后学之楷模。

吕端大事不糊涂

　　宪益先生系杨家的独生子，生于1914年1月10日，生肖属虎。其母徐燕若夜梦猛虎入腹，寤而宪益降生。

　　宪益先生晚年回顾自己的一生，认为自己系"白虎星照命"，盖俗谓白虎星系凶神，遂以之自许也。其晚岁用英文撰写的回忆录即题

White Tiger。

宪益先生青少年时家境优裕，又系独子，养成纨绔作风乃意中事耳。以致其一生花钱随意，不善料理家务。他对自己的工资和待遇从不关心，更不计较，平时口无遮拦放言无忌、大大咧咧，俨然公子哥儿作风。

1944 年至 1946 年，宪益先生在重庆国立编译馆将司马光的《资治通鉴》译成英文，三年时间已译完了 35 卷，积稿盈尺，后因客观原因未能译完。20 世纪 80 年代，一位澳大利亚友人对此感兴趣，宪益先生遂将此手稿慨然赠之。等于将自己三年的辛勤劳动成果无偿赠予他人，在其心目中毫无"知识产权"概念。有人向他问及此事，宪益先生不以为然地回答："这种事很多，无所谓。"他说不清自己工资的数目，连自己三个孩子的出生年月也语焉不详。但对一些大事则坚持原则，毫不含糊。

1941 年，国民党政府教育部副部长杭立武认为宪益先生出自名门世家，又毕业于牛津大学，颇堪重用，于是动员宪益先生加入国民党。他以孔子之言"君子不党"为借口，严辞拒绝。

1946 年，宪益先生在南京加入"民革"，成为南京"民革"组织的创始人之一，策动反蒋，推翻蒋介石的反动统治。他和南京的地下党取得联系，利用自己的社会关系为地下党收集情报。这是件风险极大的工作，南京地下"民革"组织曾有两位负责人被捕后处决，但宪益先生义无反顾地执行地下党的指示，并出色地完成了任务。

他的性格和闻一多先生很相似，面对丑恶现象动辄拍案而起，绝不顾及个人安危。古人云"诗言志"。宪益先生常常用诗表达自己的忧愤心情，他的诗措辞戏谑辛辣、言简意赅、耐人寻味，鞭挞了丑恶现象。作为某种抗议，他将这些诗公开抄给别人，"文革"中这些授人以柄的诗作，被打成"反诗""黑诗"，他本人亦因之成为"反革命"，为此他付出了沉重的代价，但他绝不后悔。他有一首七绝《自勉》：

> 每见是非当表态，偶遭得失莫关心。
>
> 百年恩怨须臾尽，作个堂堂正正人。

正是他实际为人的写照。

辉煌的学术业绩

宪益先生天资聪颖，幼年就学于家馆，熟读四书五经，大部分能背诵，曾在一天内把《左传》全部背完。至于《唐诗三百首》《千家诗》和《楚辞》，他能倒背如流。为他打下了坚实的国学基础，绝句、律诗和古文均有很高水平。在英国牛津大学留学六年，不仅精通英文，而且对古希腊文、拉丁文、法文亦有很深造诣，当之无愧是位学贯中西的学者。他能熟练地驾驭多国语言，为从事翻译工作准备了充分条件。

有人认为，翻译工作只不过是不同语言之间的转换而已，并无创新。轻视译者，将其称为"舌人"，此纯系偏颇之见。盖不同民族语言不同，生活习惯殊异。汉语和外语词汇并非严格一一对应，且语法规则迥异。译者必须精通被翻译之语言和译后的语言，才能承担此任。首先要精读被译文章，透彻了解其原意，然后还要保证翻译后的文章准确无误地表达原意，同时译后的文章行文要通达畅晓，措辞生动形象，符合该语言的民族习惯，更重要的是保持原语言文字的意境。故翻译过程实际上包含着一个"再创作"的过程。然而这个"再创作"的自由度极小，有人喻翻译工作为"戴着镣铐跳舞"，诚哉斯言，而要跳好这种舞蹈，则非技艺高超的舞蹈家莫办！昔贤严几道先生谓："译事三难，信、达、雅。求其信已大难矣。顾信矣，不达，虽译犹不译也。则达尚焉。"他又言及译世界名著之难："步步如上水船，用尽气力，不离旧处。遇理解奥衍之处，非三易稿，殆不可读。"道出了译事工作的甘苦。

《离骚》系中国古代诗歌的代表作。宪益先生幼年即熟读并能背诵。在牛津大学留学期间，兴趣所致遂将其译成英文。《离骚》文辞古奥艰涩，引用大量有关典故，此诗中国人均不易理解，而宪益先生却以轻松愉悦的心情译成，毫无吃力之感。须知当时宪益先生年仅24岁，尚未毕业。此系他中译英的处女作。著名英国汉学家大卫·霍克斯看到此译诗吃惊道："这首《离骚》的诗体翻译与原作在精神上的相似程度，就像一个巧克力的复活节彩蛋和一个煎蛋饼的相似程度一样。"这首译诗充分显示了宪益先生早年的翻译才华，欧洲各大学图书馆均有收藏。

《红楼梦》系一部伟大的现实主义小说，其内容涵盖了中国社会的方方面面，描写了从达官显贵到平民百姓各阶层人的生活，有仕农工商、医卜星相、僧道番尼、三姑六婆、贩夫走卒、奴仆家丁等，涉及了民风民俗、年节时令、园林建筑、衣食住行、琴棋书画诸多领域。书中还有诗、词、歌、赋各种体裁的文艺作品，可谓清代社会的一部百科全书。没有广博知识的普通中国读者均不敢说能完全读懂此书。宪益先生和英籍妻子戴乃迭二人竭尽毕生精力，将《红楼梦》译成英文，被海内外学术界公认为当前最佳的英译本。

现举一例以窥一斑。

《红楼梦》中的人名均有着固有的含义，如元春、迎春、探春和惜春，寓意"原应叹息"一语；她们的四婢女抱琴、司棋、侍书和入画，则寓意"琴棋书画"四才艺；贾雨村和甄士隐分别寓意"假语村言"和"真事隐去"；贾政则寓意"假正经"，等等。通常译书习惯，人名均采用音译。而英译《红楼梦》中的人名若如此处理，则原有寓意尽失矣！宪益夫妇十分注意此事，他们在翻译这些人物的名字时尽可能保留原有的寓意。而这是一项难度很大的工作，非高水平的译者莫办。将宪益夫妇的英译《红楼梦》可称之为原汁原味的英译本足以当之矣。此英译本引起了中外文化界的轰动，为中国经典文学名著在世界赢得了更加广泛的国际影响。

宪益先生和妻子戴乃迭合作英译中国经典文学名著，通常先由宪益先生译出初稿，然后由戴乃迭进行加工润色，得到二稿。二稿的工作量远大于初稿。她不仅要与中文原著进行校核，疑难之处则要与宪益先生共同讨论、反复磋商，一定要做到译文准确，措辞生动、典雅。二人珠联璧合，成为最佳的合作者。

据外文局的一份统计资料可知，20 世纪 50 年代，他们二人译有：古典文学名著、鲁迅著作、现代文学作品以及京剧、越剧、昆曲等剧本共四五十部。宪益先生还将一批西方经典文学名著译成中文，为广大中国读者了解西方文化打开一个窗口。而这仅仅是他们全部工作量的一小部分，这些译著均无稿酬、无版税。粗略估计，其全部译著当超过千万字，翻译界其他人难以望其项背。

先生捐馆后，世人谓，他"几乎翻译了整个中国""铸就了中国翻译史和中西文化交流史的丰碑"，宪益夫妇可谓"译界泰斗"。

除大量译著之外，宪益先生的诗作亦颇具特色，尤其是七律，格律严谨、韵律和谐、对仗工整，措辞戏谑而不俗、用典贴切但无掉书袋之弊、寓讥讽于辛辣之中、信手拈来言近而旨远，均系上乘之作。遗憾的是其诗作多半散佚，保留的不多，更未能结集出版。

起伏荣辱的一生

中华人民共和国成立后，宪益先生满腔热情为新社会服务。1952年杨宪益夫妇调至北京外文出版社，受到社长刘尊棋的优渥礼遇，在刘尊棋的支持下，李荒芜先生和杨宪益先生共同拟订了一个宏大的译书计划，包括150种中国古典文学（从《诗经》《楚辞》至明清小说）和100种现代文学（内含四卷本《鲁迅选集》以及朱自清、郭沫若等名家作品）。将中国的优秀文艺作品介绍给外国读者，系宪益先生的多年愿望。宪益夫妇还翻译了《暴风骤雨》《太阳照在桑干河上》和《白毛女》等荣获斯大林奖金的文艺作品。宪益先生享受专家待遇，后又成为中国文联和中国作协常委。1953年以"特邀代表"身份参加了全国政协会议，受到了毛泽东的接见。

在1955年的"肃反"运动中，刘尊棋被打成"叛徒""特务"。宪益先生新中国成立前在南京为地下党收集情报之事，也成了他历史上的"疑点"。他和荒芜先生拟订的译书计划遂成泡影。宪益先生的社会地位亦由外文专家降为普通翻译，成为"控制使用"之人。

1957年的"反右"运动，对宪益先生算是"网开一面"，未被"扩大化"，但属于"漏网右派"。毕竟宪益夫妇翻译工作速度快、质量高，他人无法企及。即使作为"翻译匠"，还要使用。

迨至1966年"文革"肇始，宪益先生首当其冲，成了外文局的"第一号罪人"和"牛鬼蛇神"，受到批斗。"反动"学术权威、修正主义分子等一系列反动罪名都落到他头上。批斗他"里通外国"，他回答："我老婆是外国人，自然是里通外国了。"白天外文局对他轮番批斗，大会斗、小会批。晚上回到家中，亲属亦和他"划清界限"。他成了一个社会上的"弃儿"。但宪益先生性格豁达大度，泰然处之。惩罚他去打扫厕所，为伙房运煤、除灰，他均能一丝不苟认真去做。

1968 年"五一"前夕，宪益夫妇以"外国间谍"罪名同时被捕，关进半步桥监狱，从此开始了长达四年之久的囚犯生活。

1976 年"四人帮"覆灭，"文革"结束，一个新时代开始了。随着平反冤假错案，落实政策，宪益先生的社会地位得到很大提高，然而他被迫害致死的儿子是无法挽回的。

在外文局，他由"专政对象"提升为"依靠对象"，升任《中国文学》主编，获得了"著名翻译家""红学家""中国大百科全书编委""中国社科院外国文学研究所研究员"等诸多荣誉头衔。1985 年他成为全国政协委员并加入中国共产党，每年均到国内外许多地方参观、访问，参加各种学术研讨会，接受各大媒体采访，忙得不可开交。

宪益先生在 75 岁辞去一切俗务，退隐林下，以诗、酒、烟为伴，开始了闲云野鹤的生活。

10 年后，与他相濡以沫、同甘共苦、患难近 60 年的老伴戴乃迭，在卧病 10 年后去世。他以极其沉痛的心情写了悼诗。

2009 年 11 月 25 日，《人民日报》刊载此诗。此时其子杨烨已死去 20 年。亡妻故去十年后，宪益先生捐馆，友人赠挽联：

银锭桥空，著译长存，此日少微星陨落；
金丝苍冷，音容宛在，何时华表鹤归来。

上联表明宪益先生以白虎星自许，下联则引用了《丁令威歌》典故，表达了对宪益先生情真意切的敬仰缅怀之情。

中国警察史上的第一次警务革命

——张之洞武昌建警始末

赵志飞[*]

　　1902年2月21日，时任湖广总督的晚清重臣张之洞撤销武昌保甲总局，在武昌府三佛阁同知署设公所"创兴警察"，同年6月6日，于武昌阅马场演武厅正式开办"武昌警察总局"。这是中国历史上最早以警察命名的正规化治安机构和专职队伍。"武昌建警"，亦可称之为中国警察史上的第一次警务革命。

助新政　租界巡捕启示管理　查要案　湖南建警提供范例

　　张之洞武昌建警，最初源于汉口租界的启示。从1889年起，张之洞调任湖广总督18年，大力推行系列新政，使得晚清大武汉作为一个近代化都市迅速崛起于江汉大地。然而，伴随都市化的进程，交通拥挤、事故频发、治安恶化、环境污染等问题也相应出现。当时武汉的治

---

　* 作者系湖北警官学院党委书记，中国警察史研究所所长。

安管理方式仍然是古老的保甲制度和坊厢制度，素质差，效率低。而此时的汉口，沿江从西向东渐次崛起了英、俄、法、德、日五国租界，尽管租界的侵略性质难掩其弊，但其市容景象，与华界相比，出现强烈反差。经实地考察，张之洞认为："租界洁清整肃，条理分明，民乐其生，匪匿其迹，几乎野无奥草，路不拾遗……"深入研究后他发现"租界现象，盖警察之功"，且"警察一事，东西洋各国视为内政之第一大端"。

于是，他在给朝廷写的奏折中说：办警察"为治国养民，行教化、理财用之根柢，凡稽查户口，保卫生民，清理街道，开通沟渠，消除疫疠，防救火灾，查缉奸宄，通达民隐，整齐人心之善政，无不惟警察是赖……今日讲求新政，采用西法，此举询为先务"，而与中国的"保甲卡兵及捕役迥然不同"。

张之洞倡言"建警"，有其推行新政改革之需求，有要仿效租界警察管治之动机，还有受其辖下湖南按察使黄遵宪于长沙创办的"湖南保卫局"之影响。而这种影响，始于他奉慈禧太后懿旨查办黄遵宪的"湖南保卫局"。

1898 年 7 月 27 日（光绪二十四年六月九日），有着 18 年外交经历的清末改革家黄遵宪依托湖南巡抚、著名维新人士陈宝箴于长沙城内办起了颇具现代治安管理制度特征的"湖南保卫局"，职责是"去民害，卫民生，检非违，索罪犯"。以今日之眼光看，湖南保卫局不失是我国最早具有近代警察制度萌芽的治安组织，其对中国后来全面建立近代警察制度的先导性影响不可低估。

由于戊戌变法失败并惨遭镇压，张之洞接到查办"裁撤湖南保卫局"的圣旨。经过一番调查研究后，张之洞于 1899 年 1 月亲自上书朝廷，为之辩解，认为"保卫局系变保甲局之名，而行保甲之实，颇有成效"，要求仅改一字，"仍用旧日保甲局名"，仍沿循保卫局的各项章程制度，"督饬员绅认真巡缉，期事有实效"，颇生保留保卫局之意。虽然由于湖南和朝廷的保守顽固派的激烈反对，张之洞最终没能保下湖南保卫局，但他借此对湖南保卫局这一新生事物的了解和研究，对他后来创建近代警察系统的建警思想，显然发挥了重要影响。

上三疏　备极诚恳力倡建警　奉上谕　釜底抽薪先行先试

1901 年年初，张之洞与两江总督刘坤一，联衔向朝廷连呈三篇奏折，要求变法。此即被后人称为著名的"江楚会奏"，又称"变法三疏"。直接提出"去差役，建警察"，极言取缔旧式的差役治安制度，而应仿效西方建立警察。两大臣向朝廷建议："当于繁盛城镇，采取外国成法，并参酌本地情形，先行试办，以次推行。""警察若设，则差役之害可以永远革除，此尤为吏治之根基，除莠安良之长策也。"

张之洞和刘坤一在当时飘摇欲坠、鱼龙混杂的清代官场中，实属难得一见的有抱负、敢作为的政治家，其励精图治和卧薪尝胆的发愤实干精神也一直为朝廷所认可和倚重。此刻，正在"庚子事变"逃难途中的慈禧母子更是念叨"卧薪尝胆、无时可忘，推积弱所由来，惟振兴之不早"，正在感叹"惟变法自强更无它策"。因此，这篇"建警之折"很快得到了朝廷的采纳，慈禧太后下诏"变法"，警察被视为"内治之要政"。

1901 年 9 月 12 日，清政府发布上谕，称"即着按照所陈，随时择要举办"，令"各省将军、督抚将原有各营严行裁汰，精选若干营，分为常备、续备、警察各军"。终于，一场被后人称为"裁兵改警"的建警运动在全国范围内递次展开。朝廷建警上谕既发，各地自然纷纷跟进。但由于清政府并未对"裁兵改警"拿出明确的方案和具体的办法，各省的做法和步伐很不一致。根据史料考证，引领全国各省创办警察之先的是时任湖广总督的张之洞和时任直隶总督的袁世凯，但两人具体做法各有不同。

在张之洞的亲自督办之下，1902 年 2 月 21 日起，武昌府即釜底抽薪，撤销了武昌保甲总局，彻底废除保甲制度。在武昌"三佛阁同知署设立公所"筹建武昌警察总局，招募警员，建章立制，筹措经费，于 1902 年 6 月 6 日（五月初一）在武昌城内的阅马场演武厅正式开办。

几乎同时，直隶总督袁世凯也在 1902 年 5 月"查照西法，拟定章程，在保定省城创设警务总局一所"。从现存档案文献看，"武昌警察总局"和"保定警务总局"，这是中国近代史上成立最早的两个警局。但严格地讲，湖广总督张之洞开办的"武昌警察总局"与直隶总督袁世凯开办的"保定警务总局"相比，不光筹办时间稍早，更是全国第一个正式以"警察"之称命名的警察机关——"武昌警察总局"，这也是全国第一个完全以维护本地市政和治安管理为目的，并实现军警职能分离的近代警察机关。而袁世凯建警的重要目的之一是进入天津接管八国联军移交的占领地，是权宜性的以军改警。

张之洞的建警，对原保甲差役制度进行了颠覆性改革，在武昌警察总局的领导体制、机构设置、警察来源、警察职责、警察教育、经费保障以及全省建警规划等进行了一系列的探索和试行。

在领导体制上，实行政府领导、主官负责。任命武昌知府梁鼎芬为武昌警察总局局长，试用知府金鼎为副局长，由臬司李岷琛负责督办，候补知州查绥为总稽查，候补知县刘承绪为内收支，候补知县钟应同管理城内分局，候补知县谢鸿宾管理城外分局。

在机构设置上，实行四科九局、垂直管理。局内设总务、行政、司法、卫生四科，设城内东、西、南、北、中五个警局和城外东、西、水、陆四个警局，共九个警局。每个警局下设两个警区。

在警察来源上，实行保甲改编和社会招募。警察总局的首批警员，虽有部分原武昌城的保甲团丁改编，但主要向社会择优招募一批"以华人之年力强壮者充当，能识字写字并略通文理之人"，共募得警察步队550名，警察马队30名，清道夫202名。

在警察职责上，实行一警多能、法政一体。警察总局的职责不仅包括在街道和街区站岗巡逻、受理刑事、治安案件和有关户口、婚姻、土地、债务一类民事案件等执法活动，还管辖修筑道路、改善街市等有关交通、卫生、市容等市政事务，这也是与旧保甲局只负责治安管理职能最大的不同。

在警察待遇上，实行从优待警、从严治警。对每个警员的薪俸食宿给予特别优待。"工食格外从优，惟每人须缴存洋银五十元为质（质押金），如或犯事即将所存之银充公"，以此作为对新招警察管理上的担保；对"月薪五十元"的局级官员，为"恐各员因所入菲薄不得不兼充他差"，"改给月薪一百元，不准兼充别项差使"；在着装上，规定"在事大小各员除文案收支外，一律戎装，二太守先乍袖短衣以为之倡"，以严肃警察精神。对有过错尤其是知法犯法的警员，严加惩罚。如"警察局巡勇看管窃犯乘隙私逃，局员当堂笞责若干板，并饬从严缉拿，以赎前罪"。

在经费保障上，实行派捐筹款、专款专用。由于警察总局初创之时即遇经费保障问题，所有"巡勇饷项、修理街道、开通沟渠、建造市亭、扫除芜秽、安设路灯，以及华洋员弁、夫役薪粮、器具、局费等项，需费甚多，除以保甲原有经费充用外，不敷尚巨"。张之洞认为"其经费应出之民间"，但他又认为当时民间各种税赋已使民众不堪其累，不应再增新的税种，"以免重累商民"，于是张之洞奏请朝廷，建议从朝廷曾因筹措赔款而设的数捐赋之中的一捐"房捐"中提取部分用于警察事务。"其收捐之法，无论官员公馆绅商士庶，凡赁屋而居并开设店铺者，均按房租抽十分之一，如每月租金二十元即抽二元，余悉类推。"他同时提出："至于住屋不及三间及草房棚户暨空闲暂无人赁者免捐"，而针对"外国警察捐专取于民，凡衙署局所一切办公之地皆不出费"的惯例，张之洞认为："因此事乃中国创举，特以官捐为首创，所有省城文武衙署以及书院、学堂、局所、祠庙、会馆均照民间一律输捐。"对此项所得经费，张之洞要求："以上各捐款即名曰警察经费，专作保卫地方之需，不令移作别用。"

武昌警察总局初具雏形并初见成效后，张之洞便将警务新政推向一江之隔的汉口、汉阳，分别成立汉口警察总局和汉阳警察总局。

武汉三镇警察机构建成后，张之洞又饬沙市、宜昌、老河口、大冶等地及全省各县市大小警察局，循武汉之例渐次设立。从而基本实现了张之洞构想的"俟省城办有成效，即以次推行汉口、沙市、宜昌等处口岸繁盛之地，再次及州府县"的全省建警规划。

重训练　兴学育警造就人才　抓难点　强化消防改良狱政

张之洞非常重视警察教育，他深知外国"警察系出于学堂，故章程甚严，而用意甚厚。"为了迅速将落后的旧式差役保丁改造成精干高效的新式警察，几乎与他创建警察的同时，就着手加强对警察的教育训练，以加快警察专业人才的培养。

在警察训练上，他实行洋为中用、训学结合。雇募曾充任租界巡捕头目的英国人珀蓝斯来任"警察总目"，"酌采外国章程"和制度训练管理警察，精心选派军官赴日本专修警察实务，这是我国各省中最早的公派警察专业留学生。1903 年又开设湖北警察学堂，选派从日本留学警务回国的 12 名归国警察担任教习，教授警兵习武、识字、规则和操法等课程。1905 年 2 月，又将武昌原专为训练府厅州县官员的仕学院改建为讲堂宿舍，扩充警察学堂，至 1907 年底首批毕业者结业。后来这些人都成为武汉警界的中坚力量，对于提高过去以旧官僚、旧军队及清道夫等组成的警察系统的素质起了重要作用。这所由张之洞亲手创办的湖北高等巡警学堂后来产生了很多辛亥革命的参加者，例如参加武昌起义并首创中华民国警政的高元藩、汪秉乾、杨澧等人，就都培养于这所学校。

在对警察开展正规化教育的同时，张之洞还于 1905 年授意警察局创办《湖北警务杂志》，以普及警察知识，探索警察理论，推进警察事业。

古时武汉，三镇连江，人烟稠密，街巷狭隘，屋宇成片，历代火患频仍。张之洞建立武汉近代警察制度以后，将消防职能交由警察管理。2008 年，我们从民间发掘到一张公布于 1906 年 5 月的《武昌警察总局告示》，就是将建筑房屋和街道必须预留"消防通道"的做法进一步制度化法定化，并采用警察手段予以强制性执行。1906 年，在张之洞的支持促成下，浙江商人宋炜臣邀集了 11 名工商巨头，在汉口后城马路张美芝巷口，建造了一座七层高楼的水塔，成为汉口近代消防标志性建筑物，在很长一段时期，它承担着消防给水和消防瞭望的双重任务，一直使用至 20 世纪 70 年代。

随着汉口水塔消防瞭望塔的建立，湖北巡警道在湖北警务公所行政科内设专职消防股，掌管"水火灾害之防止救护及查察各善堂水龙之保存、修理、使用"。省城武昌和汉口镇都分别在警察局属下设消防队，每队 40 人，负责"训练消防士及救护火灾各事项"。消防队配有较先进的消防设备，征募专职消防队员。以练习消防技能，研究救火方法为唯一要旨。消防队对于三镇地理之广狭，水利之增减，机械之运用，皆一一熟谙，一遇火警，星奔扑救"，大大提高了消防效率。

张之洞一直对传统监狱草菅人命问题比较注意，希图改良狱制。他指出：狱政乃"结民心、御强敌"之大略，张之洞想到即做，率先于1901年起进行了一系列监狱改良。并欲仿西式管理进行监狱改造。据张之洞于1907年6月给朝廷上报《新造模范监狱详定章程折》中介绍：他自向朝廷提出建议改良狱政之后，"经札饬湖北臬司通饬府厅州县各衙门，将所设内监、外监大加修改，务须宽敞整洁，凌虐之弊，随时禁革。三年以来，虽积习已渐次剔除……究未能大改观，臣详察深念，此为关系民命之实际，若因陋就简，终无大益。省会领袖尚不完善，支郡山城安望合格？必须在省城大举营造，兼采东西各国监狱之式，管理之法。虽在禁锢之中，而处处皆施以矜悯之方，并实有教诲之事，以为通省模范。"

1905年10月，张之洞责成江夏知县、试用道邹履和专门赴日本考察监狱学成回国的补用知县廷启，在武昌江夏县署衙门以东修建一座大型西式监狱，"以为通省模范"。历时两载，1907年5月正式竣工，张之洞亲书牌匾"湖北省城模范监狱"。该监狱仿照日本东京及巢鸭两处监狱的建筑样式和管理模式，是我国最早引进国外监狱先进管理制度并经过较为彻底改良的真正现代意义上的新式监狱。

湖北省城模范监狱建成后，受到全国瞩目，各省纷纷派员前来学习湖北省创办新监的经验。湖北省内的其他地方，如汉口、汉阳和仙桃府等地所属的监狱也都借鉴省城模范监狱的模式渐加改良。

施善政　市政改观市民称道　存积弊　警弊丛生警威难立

为加强城市管理，张之洞饬令武昌警察总局"整理街市"，要求警察局统一规划城内市亭摊贩；为了规范市民行为，警察制定了范围广泛的规章，包括开通沟渠、清理街道、安设路灯、收容乞丐。

1903 年，汉口街头开始出现武汉市有史以来第一辆汽车（为英国驻汉领事馆所有）。1907 年，汉口开始修筑能适应汽车通行的武汉市有史以来第一条马路（始称后城马路，今为汉口六渡桥至江汉路段的中山大道，为地产大王刘歆生所修）。警察局在行政科内设交通股，街头警察们开始管理道路交通，排除道路障碍，执掌行人安全，保护交通畅通和市镇整洁。

在清末的警政建设中，武汉成为全国各省竞相效仿的典范。当时国内舆论界在评论各省的警政推行情况时，极为称赞武汉警政建设所取得的成果。

整治市政维持治安的同时，张之洞也曾多次饬令各警局局长整顿警务，并要求对属下过错多且整顿不力的局长问责。张之洞要求所辖警局，对警员行为严加约束，制订了种种警务章程以加强管理。可在千孔百疮的清朝末世，尽管他对警察中的问题痛心疾首，屡出重拳，但有心报国，无力回天，在腐败王朝的大环境大气候已进膏肓之时，人心已失，警心已散，张之洞孤掌难鸣，独木难支，再怎么强力治警，最终也只能是苍白乏力、无功而返。

清末警察中的弊害层出不穷，名噪一时的是"警民互殴""业户闹局""土店罢市""邦伙停工""木工讨薪"等一系列群体性骚乱事件，严重败坏了警察声誉，直到 1910 年（宣统二年）年初，武汉警界曝出更大的恶性丑闻，导致了继任湖广总督瑞澂对武汉警界的一次全面整肃。起因是汉口警察总局局长徐升"挟妓观剧、恃势寻衅、妄责无辜"，大闹满春戏院，却屡被上司保护而引发民愤。瑞澂痛责警察局几成盗匪歹徒的"逋逃之薮"。为平民愤，他奏准将湖北巡警道冯启钧革职遣返广东原籍，将汉口警察总局总办徐升等人逮捕就地正法。

仅在武昌起义爆发前的 1911 年前 9 个月里，上海《申报》就不停曝出武汉警界的各种丑闻。如《巡警冒充官长敲诈民财》《鄂垣（武昌）三巡官大嫖院》《鄂垣（武昌）警长狎昵优伶（演员）》《湖北司法警察之怪状》《七品巡警偕土娼招摇回乡》等所谓新闻。

张之洞的武昌建警，尽管对末世建警的历史大背景无可奈何，尽管处于初创时期的早期警察中鱼龙混杂、良莠不齐、缺乏经验、管理失范，但仍不可否认他们在社会发展尤其是近代武汉的城市化建设过程中发挥了不可替代的积极作用。

由于张之洞在武汉大力举办包括建立新式警察管理制度在内的一系列洋务新政，使得武汉的城市发展水平居当时全国内陆城市之首，成为晚清时期的三大洋务运动中心之一。"武昌建警"，也成为张之洞督鄂政绩中的一大亮点。

兵工泰斗　统战功臣

——我国军工事业的创始者和主要奠基人刘鼎

———————————

刘文石　李滔 等口述

他造出红军历史上第一门炮

刘鼎，1902 年 1 月 8 日生于四川南溪，1924 年赴德国学习机械制造，经孙炳文、朱德介绍加入中国共产党。1926 年，刘鼎被派往苏联学习军事工程，毕业后留校任教兼当翻译。1929 年，刘鼎奉调回国进入了周恩来领导下的中央特科。1933 年春，刘鼎化装成商人准备从上海前往中央苏区，途中要经过闽浙赣苏区。闽浙赣苏区领导人方志敏听说刘鼎曾在苏联和德国留学，学习过军事制造和机电技术，对他十分欣赏，希望将他留下。

刘文石（刘鼎之子）：主要是想让他解决军火的问题，因为反"围剿"中敌人的碉堡红军对付不了，轻武器没办法打碉堡。

李滔（刘鼎秘书）：因为没有空军、大炮，只能靠战士抱着炸药包去炸，可是那样的话十个有八九个都会牺牲。

方志敏对刘鼎说，你还见过炮，其他同志连见都没见过，只能你来造。此时红军的兵工厂只是山沟里的一处处茅棚，环境艰苦、设备简陋，只有一台手摇的 5 尺车床，没有任何机器设备，基本上全靠手工操作，有时进行试验还会有生命危险。

由于刘鼎曾读过苏联的《迫击炮学》，对于迫击炮的原理、构造和性能略知一二。他带领几名老工人亲自画图设计，利用仅有的一台手摇车床和简易工床，经过几个月的摸索试验，终于造出了三门 35 毫米口径的小迫击炮。

刘文石：*炮弹造出来了但没人会用，我爸还要培训一个炮兵小队，教给他们如何来打敌人的碉堡。结果第一次就很成功，即从碉堡的枪眼里打进去，这个碉堡就被解决了。这样，反"围剿"就有了比较现实的武器。*

毛泽东说：西安事变中刘鼎是有功的

虽然刘鼎造出了红军历史上的第一门炮，然而与国民党军队巨大的实力差距仍然摆在红军领导人的面前。1934 年 4 月，中央红军在广昌战役中失利，国民党军重兵压境，中共中央作出长征的决定。中央红军撤走远去，闽浙赣苏区的形势更加险恶，苏区中心葛源于 11 月下旬失陷。在方志敏的率领下，红十军团仍以"北上抗日先遣队"的名义继续向皖南地区挺进，牵制东南方面敌军，掩护中央红军西进。刘鼎带领一小队民兵在仙霞岭一带辗转游击继续作战。然而随着兵力和弹药补给越来越困难，1935 年 1 月，方志敏战败被俘，四个多月后刘鼎也在一次搜山后被俘。

刘文石：*被捕以后，敌人就问："你是干什么的？"我爸说："我只是一个技工，我是干活的。"后来又问："你会干什么？汽车坏了你会修*

吗？收音机不响了你会修吗？""我会修。"结果收音机给他修响了，汽车也给修好了，所以就赢得了敌人的信任，放松了对他的看管。因为经常有条件修车，修好了就可以开出去试试，头一次监管还看得很严，过了几次就不那么严了。最后能派他出去买菜，所以利用这种机会，他就逃跑了。

1935 年秋天，刘鼎只身从国民党的俘虏营中逃出来到了上海，在美国记者史沫特莱和新西兰人路易·艾黎的帮助下，躲进了宋庆龄家中。1936 年 3 月，共产党员董健吾找到了刘鼎。他告诉刘鼎，张学良对联共颇感兴趣，希望请一位共产党员到西安去留在他身边工作，宋庆龄推荐了刘鼎。在去与不去之间，刘鼎犹豫万分。

刘文山（刘鼎之子）：当时我父亲是从江西俘虏营里逃出来的，他想，自己本身就是个通缉犯，还去给剿共司令当说客去，这不是往虎嘴里送食嘛。但又一想，国难当头，日寇侵略我们国家，匹夫有责，何况自己还是个共产党员，哪怕是虎口拔牙，他也应该冒险去试一试。

3 月下旬的一天，刘鼎从上海乘车前往西安。临行前，史沫特莱将搞到的一大瓶乙醚交给刘鼎，托他将这瓶药送给红军伤员治伤。

刘文石：在去西安之前，我爸也做了功课，了解了张学良的情况，了解了他去意大利的情况，以及东北军跟红军在陕北作战的情况。张学良是典型的军人，很直率也很豪爽，但他们谈话不是见面就谈的，而都是有的放矢，所以我爸的谈话很能打动张学良的心。

几天之后，张学良偕同刘鼎飞往陕北洛川。张学良此次到洛川，对外号称"督师剿共"，实则却是为了摆脱西安的"耳目"与琐事。在洛川，张学良把刘鼎待为上宾，大到国家前途、抗日战略，小到恋爱婚姻、生活轶事，都无所不谈。而刘鼎也为张学良解答他有关中共的一切疑问。多年以后，刘鼎还对当时的谈话记忆犹新。

刘鼎与张学良在洛川长谈期间，东北军六十七军军长王以哲送来一封密电。密电是以毛泽东、彭德怀名义致张学良的电报，电文中与张学良约定在肤施举行会谈，共商救国大计。4月9日傍晚，刘鼎随张学良从洛川飞往肤施。

会谈在只有张学良、周恩来、李克农、刘鼎、王以哲五个人的情况下展开，双方商定会谈的内容包括停止内战，一致抗日，组织国防政府和抗日联军等。中共方面原本估计双方可能会在协商中出现争议，所以准备了多种方案，不料张学良却表示全部同意，具体问题上张亦大方主动，出乎中共领导人的意料。

刘文石：毛主席说西安事变刘鼎是有功的，功在哪儿？重要的决策是张学良做的，而启发张学良发生思想转变的是我父亲刘鼎。

刘鼎还和李克农约定了两套电报密码，以备单日和双日交替使用，并且约定电报涉及的重要人物都用代号，周恩来是A555，毛泽东是A666，张学良是A777，蒋介石代号则是大老板。5月3日，刘鼎和张学良一同乘飞机飞回西安。抵达西安的当天，刘鼎住进了张学良的金家巷公馆，成了这位西北"剿匪"总司令的座上客。

1936年5月，在陕北的中共中央收到了一封奇怪的电报，电报中写道："她本来就在歧路间，又恋新又舍不得旧，这个矛盾变化得虽然快，究竟离终点还远，还有些难关。因此，我尽朋友之谊，也应该把她再一次提醒，下一次苦口。我想她如此徘徊，究竟应如何应付，顶好找那个算八字算得好的胡子和瞎子一同来给她再算一算。"这封奇怪电报的发信人正是深得张学良信任的刘鼎。信中的"她"暗指张学良，刘鼎发现，此时的张学良在反蒋问题上心理矛盾、犹豫不决，所以建议中共方面能够派人再来与他谈一谈。由于周恩来留的胡子很长，李克农戴深度近视眼镜，所以信中所提的胡子和瞎子即周恩来和李克农。

刘文石：为什么用密电呢？就是怕国民党截获，对张学良产生不好的影响，所以就都用暗语。

1936 年 4 月到 5 月一个月间，刘鼎连续向中共中央发出四封类似的电报。电文中详细汇报了张学良对中共的态度以及他从张学良处得知的重要消息，并且还说，他发现张有"不小的计划"。然而从我们现在看到的历史资料中，却得不到任何张学良曾与刘鼎事先商量过捉蒋的信息。更有西安事变研究者认为，对于西安城里紧锣密鼓秘密酝酿着的军事政变活动，刘鼎几乎毫无察觉。为什么张学良不将这一行动的设想通知刘鼎，与之相商呢？在事变发生前的几天时间里，张学良一次也没有找过刘鼎，刘鼎虽仍有四五封电报给中共中央，但全都是间接得到的一般情报。

1986 年刘鼎（右一）与家人（夫人易辉与大女儿刘文米）

1936 年 12 月 12 日，西安事变爆发。兵谏之前，张学良除与杨虎城商议外，并未透露任何消息给中共，直至部署全部妥当，张学良才将决定告诉刘鼎，并要刘鼎立刻给中共中央发电，请中共准备配合。事后刘鼎回忆说："此前张学良担心发出这样的电报被破译，所以在行动开始后才通报。"12 日凌晨 5 时，刘鼎向中共中央发电，称西北全部武装暴动，意图俘虏卖国头子，举抗日义旗。

出任八路军军工部部长

1937 年 3 月，刘鼎离开西安回到延安，1940 年，在朱德的力荐下，刘鼎出任八路军军工部部长。朱德还将刘鼎推荐给彭德怀，说这个人扎实好学，肯动脑子，他没有专门学过军工，但他聪明爱钻，会干好。

当时八路军最主要的兵工厂黄崖洞兵工厂，隐藏在太行山中。刚到黄崖洞的刘鼎发现，此时的兵工厂一个月最多能造五六十支枪，远远无法满足战斗的需要，一些正规部队的战斗班平均只有三五支枪，地方武装和民兵基本也只能以大刀长矛为武器，战斗力低下。红军以游击战、山地战为主，因为供给太差，战士体力较弱，又往往长途行军、快速奔袭，步枪不宜重而长、宜轻而短，红军弹药少，射程有 200 米即可，因此枪筒可以缩短，但刺刀要长，免得肉搏时吃亏。

吴殿尧（《刘鼎传》作者）：首先是搞一个"八一"制式的枪。按刘鼎的回忆，这个枪是他跟刘伯承早就希望造的。这是按照中国人的身高造的一种又轻便、又好使、还带刺刀、刺刀能自动弹出来的枪。

刘鼎率领 3000 多名兵工职工解决了步枪生产的制式化，使得中共第一次有了自己设计制造的制式化的"八一式"步马枪。

1940 年 8 月至 12 月，百团大战打响。八路军常常遭遇日军掷弹筒的近距离轰击，八路军副总司令彭德怀为此提出要求，敌人有掷弹筒，我们也必须有。为了研制掷弹筒，刘鼎住进了黄崖洞兵工厂下的村庄中。

刘鼎组织技术人员突破生产原料困难等难题，以从敌战区拆毁的铁路轨道作为掷弹筒原料，将太行山生产的生铁经闷火韧化处理后替代钢材制造弹体，几个月后试制成功第一批掷弹筒和炮弹。在研制成功后的第一次试射时，刘鼎不放心，知道第一次试射很危险，决定亲自安放炮弹。一个叫魏振祥的工人见了，拦着他说："刘部长，你不要做这样的事，你得往后站，你要出了事我们就没头儿了。"刘鼎被推到一旁，就在第一下试射时，掷弹筒发生了膛炸，代替刘鼎装炮弹的魏振祥因伤势过重而牺牲。

这种危险在后来也曾多次发生，刘鼎无数次冒着被炸伤的危险反复改进了掷弹筒。终于，从 1941 年 5 月起，成批生产的掷弹筒和炮弹开始源源不断地运往前线，从此八路军有了与日军抗衡的火力。在战场上日军惊呼：八路军在太行山上兴建了现代化的兵工厂，拥有先进的设备和外国专家。

1945 年 8 月，随着日军投降，抗日战争结束了，此时的刘鼎和后来与他相伴一生的妻子易辉在延安结婚。婚后刘鼎出任晋察冀边区工业局副局长，他的任务是为即将到来的解放战争打造军火，保证供应。

1948 年 5 月，解放军已经进入反击阶段，华北的国民党军队只能困守太原一座孤城。一天，刘鼎被朱德叫去，让他见了华东野战军司令员陈毅和粟裕。此时，陈、粟二人正为攻城之事苦恼不已。

刘文石：当时朱总司令找我爸谈，说你要解决攻城的武器问题。当时咱们的炸药包还是由人送到城门去然后拉响，你到城门这个过程中就容易被敌人封锁，过不去。

李滔：后来他想出一个办法，就是把氧气瓶瓶嘴那一部分锯掉，这样就变成一个大炮筒。炸药包跟引信都装在炮筒部位，然后底部钻一个孔装上底火跟引信，底火跟引信点燃后，前面那个炸药包就点燃了。

这种投掷器一次可装炸药包 10 公斤，射程约为 100 到 200 米。这种新型武器源源不断地供应前线，在平津战役、淮海战役和解放太原的战役中大显神威。毛泽东曾将它们誉为"土飞机、土坦克"，并且在写给杜聿明的劝降信中说到，"你们的飞机坦克不如我们的土飞机、土坦克"，国民党军队惊呼"共军有了原子弹"。1948 年秋，三大战役之前，刘鼎组织华北 7 万兵工大军加紧军工生产，华北解放区各兵工厂造的各种炮弹年产量已达几十万发以上。淮海战役中送往前线的弹药约有 1640 万吨，远远超过了国民党方面的军火供应。蒋介石败退台湾后，声称他的失败是由于共军得到了苏联援助的军火，他怎么也想不到共产党的军工事业已经发展得这么快。

刘文石：共产党的军火充足到让国民党的将领都吃惊，两军对峙，国民党的炮都打光了，炮弹供应不上，而解放军方面还在源源不断地发炮。这也是解放战争夺取胜利的一个物质基础。

因"历史问题"被关押秦城监狱近七年

1949 年 10 月 1 日，刘鼎站在天安门城楼上参加了开国大典。10 月初，他被任命为重工业部副部长兼兵工局局长，主要任务是接管国民党时期留下的重工业工厂，重启中共领导下的新的工业生产。然而，当刘鼎准备全身心地投入到新中国军工建设上来的时候，意外却接踵而来。1953 年朝鲜战争结束，刚刚回国的志愿军总司令彭德怀提出朝鲜战场上出现哑炮的问题，这牵涉到刘鼎。

刘文石：解放初期咱们的炮有自己军工生产的制式，有接收国民党的制式，还有苏联援建过来的制式，所以炮在那儿不变，可炮弹一批批都不一样，几个制式有一点差别，炮就有可能打不响。

为解决此事，中央召开会议，陈云、彭德怀、刘鼎以及负责军工生产的主要领导全部出席。

刘文山：开会之前，陈云就跟我爸爸在底下说，你别说那么多话，彭老总正在气头上，省得让他冒火。

　　作为军工生产负责人之一的刘鼎在会议上一言未发，然而事情却并没有因此而平息下去。1953 年 4 月 6 日，中纪委发出了《关于刘鼎同志所犯错误的处分决定》，撤销刘鼎副部长职务，留党察看两年。新中国成立后的三四年里，给高级干部这样严重的处分这还是第一例。被撤职后的刘鼎在家闭门思过长达八个月之久，这期间朱德和康克清买了张儿童床给他送到家里，只是默默地坐了一会儿，什么也没有说。

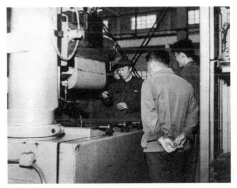

刘鼎（左一）到企业视察

李滔：他既没有申辩也没有跟家里人讲，更不会跟秘书讲，就闷在家里，八个月没有干工作。因为没地方可去了，老二机部撤销了他的副部长，也没有说叫他干什么，新的工作又没有给他任命。

　　从 1953 年开始，已经不再担任领导职务的刘鼎潜心于军工科研工作。1963 年，刘鼎被任命为三机部副部长，主管航空工业。当时由于"大跃进"的影响，工厂纪律混乱，三年没能造出质量合格的整机，部队的飞机停飞，此时已经年逾花甲的刘鼎每天都待在工厂里抓质量、抓技术。

　　当时美国在南越战场上炫耀着自己的"空中优势"，苏联也以武力威胁孤立中国，刘鼎开始更为关注加快歼击机、强击机的设计研究和生产。1963 年底，歼 6 型飞机优质达标过关，歼 7 型飞机试制成功，强 5 型飞机解决了重大的技术问题，从而扭转了航空工业的被动局面。

然而就当一切看似终于重回正轨的时候，"文革"开始了。1966 年，刘鼎在一次批斗会后被带走，之后被关押进了秦城监狱，几年之中音信全无。直到 1975 年在毛泽东的过问下才被重新释放。然而，所谓的"历史问题"疑云，却始终笼罩在他和他的家庭头上。

易辉（刘鼎夫人）：他们就问我刘鼎到底是不是特务，我说毛主席说他西安事变是有功的。他们说你再说一遍，我说我再说一遍也还是这个。

刘文山：我也问过我爸爸，别人说你是叛徒是怎么回事？我爸爸说，我没有出卖过同志，也没有出卖过组织，我都是用巧妙的方法来迷惑敌人，逃出了敌人的囚禁和封锁。

习仲勋称他是"兵工泰斗，统战功臣"

1978 年，刘鼎恢复工作，被任命为航空工业部顾问。此时已经 76 岁的刘鼎继续投身于他热爱的航空事业与飞机建造的工作，并且担任了《西安事变史》编写领导小组组长。他常说，我一生只做了两件事，一个是军工，另一个便是西安事变。他对自己的平反问题从不过问，直至身患癌症住进了医院。

刘文石：他自己不在乎，但我们很在乎，没有结论不行。1986 年他确诊癌症住进医院，我母亲就逼着他写申诉，说你这样背着黑锅不行，对子女也不公平。我爸才勉强同意向中央写申诉。

1986 年 4 月 18 日，在胡耀邦的主持下，中共中央组织部发出了《关于为刘鼎同志彻底平反的通报》，撤销了长期对刘鼎做出的所有错误结论，予以彻底平反，完全恢复刘鼎的政治名誉。时任中共中央政治局委员、书记处书记的习仲勋来到刘鼎的病床前，告诉他中央已经搞清了真相，潘汉年在狱中时也坚持为他作证，他是清白的。

　　1986 年 7 月 22 日，刘鼎逝世。胡耀邦说他"为我们党的事业作过很多重要贡献"，习仲勋称他是"兵工泰斗，统战功臣"。纵观刘鼎一生，无论在特科做统战或是后来搞军工，他从未想过要让他的传奇经历闻达于世人。有人想听他讲讲他的故事，他也总是笑笑岔开话题，并不回答。一次埃德加·斯诺为向欧美各国宣传中共及其主张，曾采访过刘鼎。刘鼎对他提出的种种问题知无不言，但是在采访结束后刘鼎只对他说了一句："你写别人可以，但是不要写我。"

赖际发：新中国建材工业的奠基人

张振　田耕　王善忠　王祖德　赖小危 口述　王春景 整理

赖际发，1910 年 10 月生于福建省永定昌龙潭村的一个贫农家庭。1926 年参加共青团，1927 年转为中共党员。在艰苦卓绝的抗日战争和解放战争中，为我军军工事业的发展作出了很大贡献，受到了朱德、刘少奇、刘伯承、邓小平、李先念等的高度赞扬。

中华人民共和国成立后，赖际发先后任国家重工业部副部长、建材部部长、国家建设委员会副主任等职，从 1956 年 5 月被任命为国家建筑材料工业部部长到 1982 年 2 月不幸逝世，一直承担国家建材工业领导的职责。

建材部归口管理的产品，包括水泥、玻璃、建筑卫生陶瓷，建筑砖瓦沙石、石棉水泥制品等建筑材料；石棉、石棉制品、石墨、石膏、滑石、云母、高岭土等非金属矿；玻璃纤维、玻璃钢、石英玻璃、人造晶体、特种陶瓷、人造金刚石等无机非金属新材料和建材设备制造等，品种多、应用范围广，是工业生产不可缺少的原材料。赖际发无疑是建材工业的奠基人。

厘清水泥工业发展的思路

新中国成立之初，建材工业的分布带有浓厚的半殖民地色彩，绝大部分集中在东北和沿海的少数省市。内地多数省市、区没有一个像样的水泥厂、玻璃和陶瓷企业。多数省还是空白，原有的建材工业布局远远不能适应形势发展的需要，迫切需要有一个总体发展战略部署和实施计划。赖际发经过认真调查、研究和思考，提出：面对百废待兴的建设局面，仅靠17个小型水泥厂、总产量44万吨的现状，远远不能满足需求。建筑材料工业作为基本建设的"粮食"，谁也离不开。在国民经济发展中，属于先行工业，应当走在其他工业发展的前面，要不断提高产量，增加品种，才能发挥促进国家建设的作用。在建材中，水泥则是量大面广，占第一位的。中国这么大，城乡经济建设任务这么重，根据我国情况，大量使用钢材、木材肯定不行，完全靠砖瓦也不行。这就决定了我国建材工业的发展方向，只能打水泥的主意，走钢筋混凝土的路子。

为了促进水泥工业的发展，赖际发提出三项实施办法：一是"母鸡下蛋"，就是要求每个大中型水泥厂根据条件，就地扩建出一个新的水泥厂来；二是"三就"原则，即坚持就地取材、就地生产、就近使用的原则，以节约运力和运费；三是做好"三带"工作，即老地区带新地区、老厂带新厂、老工人带新工人。

经过"一五""二五"期间的努力，建材部先后部署建设了渡口、水城、大同、邯郸、峨眉、永安、英德、湘乡、开远、荆门、江西、新化、光化、胜利、青海、柳州、巢湖、西桌子山等几十个大中型水泥厂，从根本上改变了我国水泥工业的不合理布局。

在发展水泥工业的思路上，赖际发强调："搞大水泥厂，投资大，周期长，我们搞不起。过渡时期，作为权宜之计，我们要多搞小水泥厂。这样做，对国家有贡献，对地方有好处，有利可图，生命力强。"

"我国地域宽广，水泥资源丰富，搞小水泥厂可行。"1958 年，他向周总理提出"发挥地方积极性，大力发展地方小水泥"的建议。得到同意后，他马上在建材部成立"小水泥处"，并制定了"五个为主"的方针，即以服务农业为主、资金以地方自筹和积累为主、设备以修旧利废为主、原料以就地取材为主、技术力量以自己培养为主，还确定了谁建厂谁得益、谁分配产品的原则，从而保证了小水泥工业的健康发展。到1981 年，全国小水泥厂已发展到 4533 个，职工 60 万人。全国大中小水泥厂共 4585 个，职工 70 万人，年产量为 8330 万吨，相当于 1949 年产量的 126 倍，总产量名列世界第三位。

开发建材代钢、代木和代棉产品。扩大水泥制品生产能力，代替稀缺昂贵的木材和钢材

1955 年，他率团访问苏联，见到了苏联用玻璃纤维增强塑料代替钢材制造的坦克和防滑板，就下决心要搞出这样的材料，并想好了一个中国式的名字——玻璃钢。

1958 年，赖际发提出："国家工农业生产建设的发展，对钢材、木材、棉布感到不足，我们必须大力发展新品种，代替部分钢材、木材、棉布……缓和供需矛盾。"建材"三代"产品这一概念由此产生。这项富有远见的建议是他善于捕捉国内外产品的最新信息所形成的。用赖部长的话就是"捕风捉影"，他风趣地说："有人认为风影不可捕捉，如果我们多关心国家的需要，多和使用单位对口座谈，多了解他们的基本意图，在开发新产品上，就可以做到有风可捕、有影可捉。"

从此，中国建材产品代钢、代木、代棉产品迅速发展起来，今天已

是硕果累累。

20 世纪五六十年代，我国木材、钢材供需矛盾突出，赖际发经过周密思考，认为我国制造水泥的原料——石灰石的储量十分丰富，分布很广，易于采掘，凡是使用木材、钢材的地区，应尽量利用水泥混凝土制品代替，要不断加强科研力度，提高质量，逐渐变替代产品为换代产品。经过 40 多年的努力，他的创见变成了现实，我国水泥制品在产品产量、品种、工艺、效益诸方面都取得了显著成就，赖际发很自然地成为世界上第一个叫响"水泥制品"的人。

在开发水泥制品代钢、代木的工作中，赖部长重点抓了水泥电杆的试制、生产和应用。1963 年，他亲自批示建材研究院、武汉市水泥制品厂和东北工业建筑设计院共同研制，成功采用整模电热张拉工艺和整模结构张拉工艺制造环形预应力混凝土电杆，1964 年建成生产线，1965年通过国家鉴定。这种电杆质量优良，生产技术先进，使用年限可达 50年，经济效益显著，成为中国水泥电杆的重要品种。他还主张积极扩大水泥轨枕的生产能力。20 世纪 60 年代共建成了四个大型预应力混凝土轨枕厂，每个厂的生产能力为 100 万根至 120 万根，到 20 世纪 70 年代又建成八个中小型预应力混凝土轨枕厂。由于生产能力的扩大，铺设范围由站线扩大到支线直至正线。第二个"五年计划"期间建成的铁路线，全部使用了预应力混凝土轨枕，20 世纪 70 年代援外的坦赞铁路，也全部用预应力混凝土轨枕，使用寿命是木材枕的两倍以上，大大提高了铁路线的稳定性。

难道让我们的战士拿着烧火棍去打仗吗？

从 20 世纪 50 年代后期到 60 年代，我国国防工业现代化建设和尖端技术发展进入一个突飞猛进的时期，较快地完成了"两弹一星"（原子弹、导弹、人造卫星）和"一机"（歼击机）的研制任务，从而保证了发射洲际导弹、火箭和人造卫星的成功。这其中也有赖际发和建材战线的功劳。在动员报告中，赖部长说："国家的繁荣昌盛离不开国防现代化，而国防现代化又离不开建材工业现代化，国防工业与建材工业有一种特殊关系，许多无机非金属材料不仅坚硬，而且耐高温，耐磨蚀，正是国防工业重要的新材料。从某种意义上讲，建材也是战斗力，只要国家需要，我们就要拿出来。"有的同志很不理解，说什么"建材部搞国防工业材料是不务正业""赖部长手伸得太长了"。赖际发对这些同志深有感触地说："同志啊！你们没打过仗，没有尝过挨打的滋味，我是过来的人，当过军工部政委，我亲眼见过多少好同志由于武器装备落后而壮烈牺牲。现在我们有条件了，能搞研制新式装备了，我们不去发展我们的国防工业，难道让我们的战士拿着烧火棍去打仗吗？我们这些做法，怎么能说成是不务正业呢？"尔后，赖部长为了及时完成国家下达的为军工配套的无机非金属新材料的研制任务，从科研设计部门、企事业部门及建材院校中抽调了一批干部，组成了专门研究机构。他亲自抓方案制订、抓规划、抓协调、抓组织，有力地推动了工作的开展。到1954年，不足百人的队伍发展到500多人。到1965年10月，一大批新型产品通过了国家鉴定，基本上满足了国防工业技术的要求。这个时期主要产品有耐烧蚀玻璃钢、航空防弹玻璃、探照灯玻璃、人造合成晶体、人造金刚石、无碱及中碱玻璃纤维、高硅氧玻璃纤维、镀锌玻璃纤维，可以看出赖际发用具体实践走出了"先为军工配套，再搞军品民品结合，然后以发展民品为主，组织大量生产"的建材工业发展道路。

丹心楷模照汗青

1958年，建工、建材两个部合并，刘秀峰任部长，赖际发任第一副部长。1964 年建工部成为"四清"运动试点单位，刘秀峰被点名批判，上纲上线，"大帽子"铺天盖地，大会小会批斗，墙倒众人推，对不赞成打倒刘秀峰的人也进行批判，有人劝赖际发站出来揭发批判刘秀峰，就可以当部长。而赖际发的为人，一向是宽以待人，实事求是，不搞落井下石，更不干踩着别人的肩膀往上爬的事。他说："秀峰同志对建材很重视、很支持，我们合作得很好，提不出什么意见。""对秀峰同志应当是有一说一，坚持唯实。"只可惜刘秀峰仍然未能逃脱悲惨的命运。

在十年动乱中，赖际发大义凛然、坚持原则，与林彪、"四人帮"的倒行逆施进行了坚决的抵制和斗争，遭到了诬陷和迫害，身心受到严重的摧残。从 1966 年"文革"开始到 1970 年重新上任，在不到三年的时间里，赖际发同志被批斗数百次，引起心脏病发作，送医院抢救。周总理知道后，立即打电话给造反组织头头，命令不准再批斗赖际发，这才保住了他的性命。

在那昏暗的岁月里，赖际发曾被揪到中南海西门前，被批斗几天几夜，曾从桌子上掉下来。尽管如此，他仍然遵照周总理的指示，不对抗群众、不发火、不乱说，耐心地说明事实真相，一句违心的话也不说、一件违心的事也不干、一次违心的检讨也不作。每次被批斗时，他总是耐心地讲政策，告诫红卫兵小将："你们不懂事，瞎胡闹，要犯大错误的。"当看到街上有人贴朱德总司令的大字报时，他愤怒了，面对这些颠倒黑白的文字和语言，愤怒地说："这简直是胡说八道，朱德总司令是大好人，老革命家，如果没有朱老总等老一辈革命家流血奋斗，能有新中国吗？"

为了保护老干部，他守口如瓶，一次批斗会上，拉出一批他身边的干部，让赖际发揭发，他说："他们都是好同志，错误是我一个人造成的，打倒我一个人就够了。"他常对同志们说："真正的敌人要打击，但要有事实作根据，不能伤害自己人，对于干部处理一定要慎重。"

"文革"动乱期间，各地生产秩序十分混乱，赖际发遵照周总理关于"不管怎么乱，工作还得抓"的指示，时刻打听建材生产情况，想尽办法与周总理联系，汇报工作，这时有些同志劝他："都什么时候了，您还抓生产，这不是让人家抓辫子吗？又要狠狠地批您了。"他却说："我是周总理领导下的一个兵呀！国务院交给我主管建材，下边这么乱，不向上级汇报行吗？"为此他受到多次批斗，但他仍然对批斗他的造反派头头说："不管你们怎么说，中央没撤我的职，我还得干工作。"

赖际发是"文革"中第一个被"解放"的正部级干部。1970 年，在周总理的建议下，他重新回到建材部主持工作。按照国务院通知，赖部长和往常一样，正常上班。他首先查看建材企业年度计划完成情况，发现建材系统几乎所有厂矿的生产指标都在连续下降，一部分还基本陷于瘫痪状态。心急如焚的他经过一番考虑，以高度的责任感和事业心，提出到各地基层厂矿去检查指导工作，决心要把他的"一批有经验的厂长、书记、工程师"找回来，他喃喃自语："工厂里没有懂行的领导，怎么能组织生产，一定要把他们找回来。"

1970 年，赖部长到西南三线检查工作。当时四川局势很乱，"武斗"尚未停止，作为建材部的重点企业，江油水泥厂的生产完全瘫痪。成都军区司令员谢玉荣劝他暂时不要下去，那里不太安全，但他说："枪林弹雨都过去了，这算什么？"到了江油水泥厂，他不顾体弱劳累，马上找两派头头谈话，找挨批斗的干部和技术人员谈心，劝他们联合起来，恢复生产，并亲自点名任命干部。经过耐心的工作，把没有解放的干部解放出来，把被调走的工程师重新请回来。有个江苏工程师受到错误批判，赖部长说服了批斗他的群众，恢复了他的技术职务。许多干部因受到错误批斗、冲击而想不通，心里委屈，赖部长就一个一个谈话，说："共产党员应当受到考验，同志们要以党的工作为重，工厂不生产，我们吃什么，难道让群众喝西北风吗！"正是在他的亲自关照下，江油水泥厂才最终恢复了生产。

由于赖际发的肺心病时时发作，不得不住进医院动大手术。在住院期间，他仍然关心着国家建材工业的发展，经常询问来看望他的同志，了解各方面的情况。过去建材工业在选点建厂的过程中，有的因为原矿质量差、品位低，妨碍了合理布局。他念念不忘，曾设想研究如何用次矿石生产出好的产品，却终因病魔缠身，美好的设想成了他未了的心愿。1982年2月24日，他因病情恶化不幸逝世，被迫离开了他朝夕牵挂的建材工业。其夫人鲁风根据他生前一贯的简朴作风，给党中央和国务院写信，要求不开追悼会，丧事从简，但建材系统的许多职工，仍然从全国各地赶来北京吊唁。

新中国档案事业的开拓者
——曾三

————

刘国能

新中国档案事业发展很快，已建立起包括档案行政管理、机关单位档案室、档案馆、档案教育、档案科技研究、档案宣传与出版、档案学术理论研究及档案外事工作等八个方面的国家档案事业体系，遍布全国各地的中央和地方各类档案馆 4000 多个，收藏了几亿卷册档案史料，在档案保管和提供档案利用等工作上都取得很大成就。

抚今追昔，人们自然会想到新中国档案事业的开拓者——曾三。

着力做两件事——办档案工作刊物和筹办档案专修班

新中国成立之初，千头万绪，百废待兴。党中央、政务院十分重视档案工作，把它作为政权建设的一个部分来抓。这一时期，有关部门在党中央和中央人民政府的领导下，收集国民党中央政府机关和国民党地方政府机关的档案，对明清时期历史档案以及其他时期的历史档案进行了接管，同时还抓好革命历史档案的收集工作，大量的革命档案资料被收集起来，充实了中央档案馆的馆藏。

然而，在当时，全国性的档案工作领导、管理机构还不健全，档案工作机制尚未形成，档案人才缺乏，一些搞档案工作的甚至不知道什么是档案，不知道档案与资料如何区分，更不懂科学的档案整理方法，随便销毁档案的情况仍在发生，社会上档案意识十分薄弱。

针对这种情况，曾三着力做了两件事：一是办一个档案工作刊物；二是筹办档案专修班。

曾三认为，一个首要的任务是做舆论工作，先办一个刊物，宣传档案工作的重要性，交流档案工作的经验，引起档案工作者和有关领导的重视。经过一段时间的筹划，1951 年 5 月 30 日《材料工作通讯》创刊，它就是《中国档案》的前身。

1950 年，在华工作的苏联中央档案管理局副局长、档案专家米留申建议我国在一所大学办档案系。曾三就此向中央办公厅主任杨尚昆汇报。杨尚昆以中共中央办公厅名义商中央组织部、宣传部，决定委托中国人民大学举办档案专修班，以解决档案专业人才的急需。后来，曾三找裴桐商量，决定请苏联档案专家来讲课。他们把这个意见向杨尚昆主任汇报。杨尚昆将此事报告了即将访问苏联的周恩来总理。周总理十分重视这件事，访苏期间把这个问题向苏共中央领导人马林科夫提出来。苏方经过研究，决定派档案专家谢列兹聂夫来华讲授档案学。曾三经过与有关同志商量，决定调中办秘书处田凤起、李凤楼和政务院秘书厅秘书处的王明哲三人去档案专修班工作，中国人民大学从历史系派教师韦庆远去教历史，这样就有了一个教员班子。在裴桐的推荐下，曾三又调华东局秘书处副处长吴宝康任档案专修班的班主任。经过各方努力，1952 年 11 月 15 日，中国人民大学档案专修班正式开学。

档案专修班逐步发展，先后又经历过档案专修科、历史档案系和档案系等几个阶段，如今已成为中国人民大学的一个二级学院——档案学院。中国人民大学成为我国有史以来第一所能够培养档案人才的高等学府。

筹建国家档案行政机构和档案管理机构

1950 年米留申建议："不管国内现在有多少困难，都必须马上建立领导一切档案工作的中央国家机关。"曾三当时认为，这个建议非常好，只是条件尚不成熟。

到了 1954 年，国家经过三年经济恢复之后，出现新的经济、文化建设高潮，档案收集与整理、档案干部培养和机关干部中的档案意识等都有了一些基础，曾三认为成立国家档案局已是时候。于是，他以中央秘书处的名义给周总理写了一份《对整顿全国档案工作的意见》的报告，其中提出了建立国家档案工作领导机关的建议。与此同时，曾三同吴宝康商量建立全国档案工作管理机构的事。吴宝康就此向中共中央委员、中国人民大学校长吴玉章写信。吴玉章不久就写信给习仲勋（国务院秘书长）、杨尚昆，阐述加强当前档案工作的迫切性，并建议在中央设立领导全国党、政、军档案工作的机构。

周总理对成立国家档案局的工作十分重视。1954 年 9 月第一届全国人民代表大会召开，政务院改为国务院。周总理利用将在国务院下设立一批主办专门业务的直属局这样一个时机，将成立国家档案局问题先后提交中央政治局和国务院讨论通过，然后提交全国人民代表大会常务委员会审议。同年 11 月 8 日，全国人民代表大会常务委员会批准成立国家档案局。11 月 20 日周总理任命曾三为国家档案局局长，随即曾三开始了国家档案局的筹建工作。

国家档案局成立后，曾三着力抓三件工作：一是起草国家档案局组织简则。曾三组织中央秘书局的裴桐、国务院秘书厅的陈涛以及国家档案局的一些同志开研讨会，起草《组织简则》。1955 年 11 月 19 日国务院常务会议批准了这个简则。二是召开党的第一次全国档案工作会议。全国人民代表大会常务委员会批准成立国家档案局前夕，曾三向当时的党中央副秘书长、中共中央办公厅主任杨尚昆汇报全国档案工作情况，提出召开党的第一次全国档案工作会议，杨尚昆表示同意，并决定这次会议以中共中央办公厅的名义召开。1956 年 12 月 1 日党的第一次全国档案工作会议召开，曾三曾在会上作了《关于目前党的档案工作的一般情况和今后任务的报告》，会议通过了《中国共产党中央和省（市）级机关文书处理和档案工作暂行条例》。三是草拟《国务院关于加强国家档案工作的决定》。曾三按照周总理的指示到河北等省、市进行调查，然后将情况向习仲勋秘书长和周总理汇报。周总理听了汇报后，认为国务院要发个加强全国档案工作的文件，并指定曾三负责起草工作。《关于加强国家档案工作的指示稿》形成后，1956 年 3 月，周总理主持国务院常务会议讨论了这个文件，并对文件一字一句地斟酌，把"指示稿"改为"决定"，然后签发了这个文件。1956 年 4 月 16 日《国务院关于加强国家档案工作的决定》发出，4 月 23 日《人民日报》刊登了全文，并配发《加强国家档案工作》的社论和几幅批评不重视档案工作的漫画。《国务院关于加强国家档案工作的决定》是国家档案事业建设第一个纲领性文件，也是对当时全国档案工作的部署。这个文件下发后，全国迅速掀起档案事业建设高潮。

1954 年 11 月 30 日，中共中央批准在中央办公厅秘书局设立第三处，即中共中央档案馆筹备处。次年 8 月 26 日，国务院秘书长第二十三次会议批准建设中华人民共和国档案馆，并随即成立了筹备处。曾三提名吴宝康担任三处处长，并带领国家档案局和中办秘书局副局长、处长以及吴宝康等人去实地选择馆址。1959 年 1 月 7 日，中央发出《关于统一管理党、政档案工作的通知》以后，中共中央档案馆筹备处与中华人民共和国档案馆筹备处合并，成立中央档案馆筹备处。中央档案馆作为中共中央和国务院的直属事业单位，集中保管党和国家中央一级机关的档案。1959 年 10 月 8 日，中央档案馆正式开馆，曾三被任命为馆长，裴桐、邱兰标被任命为副馆长。

把档案工作拓展到形成档案的地方

1955 年 4 月 24 日，曾三在一篇文章中指出："机关（包括一切国家机关、军队和军事机关、工厂、矿山、企业、农场、学校、团体、合作社等）各单位在工作中形成的一切文书，都应该立卷，向机关档案室归档；各机关需要永久保存的档案，过了一定的年限，又应该向国家档案馆集中。"1955 年 12 月 7 日，他在河北保定机关秘书、档案工作会议上的讲话中又一次指出："什么是档案？……我认为所有机关、学校、工厂、农场、企业、人民团体在工作中形成的文件材料（包括收发文件、电报、会议记录、录音记录等）都应该作为档案来保管。"在这种"大档案"意识的指导下，各形成档案的基层单位积极开始建立档案工作。

曾三积极推动科技档案工作。1955 年以前基本上还没有科技档案这一概念，生产、建设、科研单位只设科技资料机构。在苏联专家关于建立科技档案工作建议的影响下，1956 年年初，国家档案局派出技术档案工作组，到东北等地区的一些重点企业单位，调查研究科技档案与科技资料的区分问题和管理问题。1957 年 7 月，曾三在第一届全国人民代表大会第四次会议上作了"把档案、资料工作认真地建立起来"的发言，指出："……我国在社会主义建设的第一个五年计划中，进行了史无前例的伟大的经济建设和文化建设，不仅行政档案，而且各工厂、矿山和其他企业有关基本建设和安装工程的设计资料和底图都是宝贵的档案、资料，把它们科学地整理和保管起来，对于今后社会主义建设是非常重要的。"1958 年，国家档案局召开了中央有关部委和部分在京企业、事业单位的科技档案工作经验交流会。1959 年 12 月上旬，国家档案局在大连市召开华北、东北协作区技术档案工作现场会，讨论《技术档案室工作通则草案》，研究了科技档案工作机构等几个问题。曾三在会上做了《积极做好技术档案工作，为伟大的社会主义事业服务》的讲话。这次会议以后，全国科技档案工作迅速发展。

曾三把城市建设档案工作放在重要位置。1959 年在大连技术档案工作现场会议上，曾三指出："在城市中，必须检查（房地产局或城市规划局）全城市的基建档案，做到每一幢房屋、地下水道和其他一切工程的档案都有着落。"1960 年 10 月，国家档案局在哈尔滨召开了东北、华北档案工作协作和城市基本建设档案工作会议，研究了基建档案的范围和加强管理等问题。会后，国家档案局将会议情况和研究的意见形成了两个文件，即《关于如何加强管理城市基本建设档案的报告》和《关于加强管理城市基本建设档案的意见》，并向中共中央办公厅主任杨尚昆和国务院副总理习仲勋作了报告。1961 年 1 月 27 日，国务院批转了这两个文件。

曾三高度重视农村档案工作。1958 年 9 月，中共中央办公厅秘书局、国家档案局联合下发了《关于结合农村社会主义和共产主义宣传教育运动，大力开展档案资料利用工作的通知》，"要求县特别是乡、社的档案资料工作必须进一步开展起来"。1959 年 6 月 10 日，曾三在全国档案资料工作先进经验交流会上进行总结发言，在讲到"关于人民公社的档案工作"时他指出："人民公社是不是应该建立档案馆，现在可以不考虑。档案馆与档案室没有高低之分，一般地说，在人民公社目前叫档案室比较好的。将来公社的档案，是向县档案馆移交，还是自立档案馆将来再决定。我提议每个省（市、自治区）抓几个公社研究一下，如果哪个地方已经叫人民公社档案馆了，也可以叫档案馆。"在1963年12月国家档案局召开的全国省档案工作会议上，曾三特别讲了农村档案工作问题，指出："把农村人民公社、大队的档案工作建立和健全起来。从工作和生产的需要来看，公社、大队有必要保存一部分档案。"按照这些部署，全国农村档案工作逐步开展。

曾三对部队建档工作也十分重视。1963年5月1日，曾三给时任中国人民解放军总政治部副主任的萧华写信，说他参加中央慰问团慰问战士时看到一些连队开展的"连史"挂图教育，由此想到"今后连队都应该将自己在工作中形成的重要文件（至少是每次战斗的前后情况，如连队的成员花名册、功臣和战斗英雄的名单、战绩记录等），加以精选，作为档案保存起来，以便作为对战士进行思想教育的工具，作为连队日常工作中的参考……这个问题，我在慰问过程中曾经同一些连、团、师、军、军区的同志交换过意见，他们都觉得很有必要这样做，并表示愿意这样做。"

曾三同样重视少数民族地区档案工作。1956年4月，曾三在中共中央办公厅召开的党的第二次全国档案工作会议的总结报告中专门讲了"关于民族地区的档案"问题，指出："我们这次会议和上次会议没有特别注意少数民族区域的档案工作问题，这是不对的。少数民族区域的档案工作应该更加注意。"1960年8月，国家档案局在呼和浩特召开了全国少数民族地区档案工作会议，曾三作了题为《加强少数民族地区的档案工作》的报告，指出："少数民族地区的档案工作，是我国档案事业的一个部分。"

批评"一把锁"观念，注重档案的利用

曾三多次讲到，档案工作不是"一把锁"。1954 年 11 月 17 日，在原大区档案整理工作座谈会开幕式上的讲话中，曾三指出："有的同志认为档案工作就是保管，换句话说，是起'一把锁'的作用，这是错误的，档案工作包括收集、整理、鉴定、保管、组织利用等一系列的工作。我们一切工作的目的是为了利用，档案必须为今天和明天的实际工作和科学研究工作服务，这是每个档案工作人员要搞清楚的，满足于'一把锁'的作用是不对的。"在 1959 年 6 月 1 日召开的全国档案资料工作先进经验交流会上，曾三作了题为《进一步提高档案工作水平，积极开展档案资料的利用工作，为社会主义事业服务》的报告。

党的十一届三中全会之后，曾三在全国档案工作会议上作了题为《关于在我国档案工作中贯彻党的十一届三中全会精神的几点意见》的讲话，批判林彪、"四人帮"打着"保密"的旗号，封锁、禁止别人利用档案的罪行，提出肃清林彪、"四人帮"在利用档案和保密问题上造成的混乱。他指出："档案有机密和极机密的部分，我们在任何时候都应该保护党和国家的机密，这是无疑义的。但是，我们不能因为保密，而把所有档案都严密封锁起来，不发挥档案的作用。如果是那样，档案工作还有什么存在的必要呢？既然怕失密，干脆把档案烧掉，不是更能保密吗？所以说，保密绝不是档案工作的根本目的，提供档案为党和国家各项工作服务，才是档案工作的目的。问题是我们要把保密和利用统一起来，而不能对立起来。"为了适应全党工作重点由以阶级斗争为纲转移到以经济建设为中心上来的需要，曾三还及时向党中央提出了开放历史档案的建议，并亲自起草了《关于开放历史档案的意见》。后来，党中央批准了这个意见。从此，国家档案馆的历史档案开始向社会开

放，档案馆工作开始由封闭、半封闭型向开放型转变。

鼓励档案工作者学习司马迁

"学习司马迁"首先是周恩来总理提出来的。1959 年 6 月，全国档案资料工作先进经验交流会在京召开，周总理在中南海怀仁堂外草坪接见会议代表，并同他们合影留念。在接见代表的路上，周总理在曾三陪同下一边走、一边说："你们档案工作人员要学习司马迁，当司马迁。"意思是说，像司马迁那样，利用档案，编修史书，对祖国的历史研究作出贡献。曾三当即把周总理说的向大家作了传达，同志们受到了很大教育和鼓励。

这以后，曾三就把实现周总理的这一指示作为档案馆工作的努力方向。正是在这一指示的指导下，许多档案工作者，特别是档案馆工作者，坚定了事业心，踏踏实实，埋头苦干，熟悉档案内容，汇编档案史料，对历史科学研究起到了一定的促进作用。

我国最早的科技杂志

——

刘　玲

　　戊戌变法前后，我国知识界出版了中国近代最早的一批科技杂志。这说明，戊戌变法不只是一次维新变法的政治活动，还是一次中国近代科学技术文化的普及活动。

　　我国最早的医学杂志要算《利济学堂报》（半月刊）了。它于1896年在浙江温州创刊，由陈虬主编。陈虬当时在瑞安创办了利济医院，任院长。这个利济医院附设着利济医学堂，《利济学堂报》就是该学堂的医学专业杂志。《利济学堂报》为木刻本，按全年二十四节气日为出版日，每月两册，每册约50页。该杂志虽在温州，但发行甚为广泛，除了在温州设有22个售处外，还在浙江省设26个售处、北京设3个售处，全国各省大城市设20个售处，甚至远销港澳。

　　该杂志的主要内容是利济学堂学生上课的讲义和教师研究医学的成果，经积累编辑成帙，故医学独详。其中利济讲义，可编订成《利济丛书》，包括有：《利济元经宝要》是中医基础课文；《利济教经》是启蒙类书；《教经问答》是解释教学疑难的教学参考书；《卫生经》是指导学生锻炼身心及介绍体育疗病的教材；《蛰庐诊录》是陈虬个人的临床记录；《光绪丁酉医历表》是推算预测疾病的医历，等等。

戊戌变法失败后，利济学堂被废，该杂志也即停办，但陈虬将学堂、医院、学报三者合为一体而办，可谓是现代医学院校既设附属医院，又办学报的先驱，对促进我国近代医药学术交流、繁荣医学起了一定的影响。

《农学报》是我国最早传播农业科学知识的杂志。它于 1897 年 5 月在上海创刊，由上海农学会主办。前 15 期名为《农学》，第一年为半月刊，1898 年改为旬刊，上海务农会出版，罗振玉、蒋黼（伯斧）等主编，分公文、古籍调查、译述、专著等栏。该杂志翻译了大量的欧美日本农书，以资社会考究，所刊务农会会员采访各省农事情况的报告，最为可观。《农学报》出版时间长达十年，直到 1907 年 1 月才停刊，共出版 315 期。正如罗振玉自传《焦蓼编》中所说："先后垂十年，译农书百余种。"

1897 年 5 月，罗振玉主持《农学报》问世，梁启超撰创刊词，他历述了农学在我国的兴衰和当时创办农学会、发刊《农学报》的宗旨："秦汉以后，学术日趋无用，于是农工商之与士，划然分为两途。其方领矩步者，麦菽犹懵，靡论树艺；其服被祯役南亩者，不识一字，与牛犁相去一间，安望读书创新哉！故学者不农，农者不学，而农学之统，遂数千年绝于天下，重可慨也！本会思与海内同志，共讲此义，遵丽泽之古训，仪合群之公理，起点海上，求友四方。将以兴荒涨之垦利，择种产之所宜，肄化学以粪土疆，置机器以代劳力。志愿宏大，条理万端，经费绵薄，未克具举。既念发端伊始，在广开风气，维新耳目，译书印报，实为权舆。"

《农学报》每期篇幅的百分之八十是译文，选自日本和欧美书刊，其内容不按专业和文章性质分细目，只是笼统分为"东报选择"和"西报选择"。它还开辟国内《各省农事述》《各省物产表》对我国农业进行调查分析。该杂志主要内容可分：（1）农学专著，主要是教材一类文章，不仅农学方面的基础学科由泛论到各论、从初等到高等比较完备，而且扩展到农机、农经以及林、牧、渔业等领域。诸如《农学入门》《种植学》《土壤学》《森林学》《害虫要说》《农具图学》等。（2）介绍国外农社先进经验和新技术。如《种稻改良法》《种玉蜀黍新法》《深耕说》《人工调制大气法》等。（3）农业试验研究报告与调查研究报告，如《钙养磷用量试论》《甘薯试验成绩》《山东试种洋棉简法》《中国烟草情形》《记中国蚕业实况》等。（4）介绍世界各国农业生产概况及贸易动态，以及《穑者传》和科学小品。此外，还刊登了 20 多种古农书辑佚。

《农学报》的这些文章对我国开展现代农业科学研究和实践运用有一定的启蒙作用。

大约就在《农学报》创刊之后不久，1897 年 7 月，我国最早的一份以介绍数学方面知识为主要内容的杂志《算学报》在温州创刊。这一杂志的创刊人是黄庆澄。

这一杂志的内容均由黄庆澄自撰。第一期论加减乘除，命分、约分、通分之理；第二期论比例；第三期论开方；第四期至第七期论代数；第八至第十期论几何；第十一期论九章；第十二期论算理。这就是黄庆澄撰述的《学算初阶》《比例新术》《开方提要》《代数钥》《几何第十卷释义》诸书。

黄庆澄为浙江平阳人，与陈虬为同乡，是一位维新志士，他在《算学报·布白》中说："唯时局艰迫，外患迭乘，特创兹报，冀为格致之权舆，以辟劳人之智慧。专择近日算学中最重要者演为图说，俾学者由浅而深，循序渐进。即穷乡僻壤五师无书，亦可户置一编，按其图说，自寻门径。"看来，他创办《算学报》的目的主要在于帮助国人自学教学。

黄庆澄在办《算学报》的同时，还于 1899 年撰《数学启蒙》一书。他认为，不通算如有脑而木，是中国当时的大病之一。《算学报》可以看作我国数学杂志的鼻祖。它对促进我国算学研究、培养算学新人，以及后来温州成为"数学家之乡"有着不可忽视的作用。

《亚泉杂志》是我国最早的化学期刊。它创办于 1900 年。创办人杜亚泉，原名炜孙，号秋帆，浙江绍兴人。他 27 岁时，离开了故乡到达上海，在上海的早期活动中创办了"亚泉学馆"，招收学员，普及理化博物知识，同时出版《亚泉杂志》。

《亚泉杂志》出版了 10 期，共发表 39 篇论文，其中化学方面的论文 23 篇；数学方面的论文 5 篇；物理方面的论文 4 篇；余下的 7 篇为博物、火山、地震、养蚕等。由于化学方面的内容占总篇目的三分之二，可以把该杂志看作我国近代最早的化学期刊。

杜亚泉从 1904 年以后，担任商务印书馆编辑所理化部主任历时 28 年，对推动我国早期自然科学的发展有较大的贡献。

此外，1900 年，成都也创办有《算学报》，创办人傅樵林、苏星舫，后者为成都算学馆的总教习，但该刊影响并不大。